Andreas Wollbold
Therese von Lisieux

topos taschenbücher, Band 824
Eine Produktion des Verlags Butzon & Bercker

Andreas Wollbold

Therese von Lisieux

Auf dem kleinen Weg

topos taschenbücher

Verlagsgemeinschaft topos plus
Butzon & Bercker, Kevelaer
Don Bosco, München
Echter, Würzburg
Lahn-Verlag, Kevelaer
Matthias Grünewald Verlag, Ostfildern
Paulusverlag, Freiburg (Schweiz)
Verlag Friedrich Pustet, Regensburg
Tyrolia, Innsbruck

Eine Initiative der Verlagsgruppe engagement

Bibliografische Information der Deutschen Nationalbibliothek
Die Deutsche Nationalbibliothek verzeichnet diese Publikation in der Deutschen Nationalbibliografie; detaillierte bibliografische Daten sind im Internet über http://dnb.d-nb.de abrufbar.

2015 Verlagsgemeinschaft **topos** plus, Kevelaer
2. Auflage (1. Auflage 2012)

Einband- und Reihengestaltung | Finken & Bumiller, Stuttgart
Satz | Aalexx Druck GmbH | Großburgwedel
Herstellung | Friedrich Pustet, Regensburg
Printed in Germany

Topos-ISBN: 978-3-8367-0824-1
www.topos-taschenbuecher.de

Inhaltsverzeichnis

Ein erster Blick auf Therese von Lisieux

1873	2. 1. Geburt in Alençon
1877	28. 8. Tod der Mutter. November: Übersiedlung nach Lisieux („Les Buissonnets")
1881–1886	Schule der Benediktinerinnen
1882	2. 10. Eintritt Paulines in den Karmel
1883	Ostersonntag bis Pfingstsonntag: schwere Krankheit und wunderbare Heilung
1884	8. 5. Erstkommunion
1885	17.–21. 5. Exerzitien zur feierlichen Zweitkommunion, Beginn der „Krankheit der Skrupel"
1886	15. 10. Eintritt Maries in den Karmel. Ende Oktober: Heilung von den Skrupeln durch das Gebet zu den verstorbenen Geschwistern 25. 12. Weihnachtsbekehrung
1887	Erleuchtung vor einem Andachtsbild des Gekreuzigten Juli / August: Flehen um die Bekehrung des Mörders Pranzini („mein erstes Kind") Zweite Jahreshälfte: Der Kampf um die Berufung (Bitte an den Vater, Reise zum Bischof, Romreise und Audienz bei Leo XIII.)
1888	9. 4. Eintritt in den Karmel 23. 6. Sorge um den plötzlich verschwundenen Vater und Beginn seiner Demenz
1889	10. 1. Einkleidung
1890	8. 10. Profess 24. 10. Schleierfest
1893–1896	Priorat von Mutter Agnès, der zweitältesten Schwester Thereses (Pauline)

1894	29. 7. Tod des Vaters 14. 9. Eintritt Célines in den Karmel Etwa Oktober: Entdeckung des kleinen Weges Ende Dezember: Beginn der „Geschichte einer Seele“ (Manuskript A)
1895	9. 6. Eingebung zu einer „Weihe an die Barmherzige Liebe“
1896	2.–3. April erster Blutsturz in der Nacht zum Karfreitag Osterzeit: Beginn der heftigen Anfechtungen gegen den Glauben September: Brief an Marie du Sacré-Coeur (Manuskript B)
1897	8. 7. Verlegung auf die Krankenstation Juni–Juli: Fortsetzung der Lebensbeschreibung (Manuskript C) 30. 9. Therese stirbt gegen Abend

Alle Abkürzungen der Werke sind bei deren Vorstellung auf den Seiten 97 bis 114 aufgelöst.

Das Bild des Kindes

Kinder zu malen gehört zu den anspruchsvollsten Aufgaben eines Porträtisten. Selbst wer bei Erwachsenen respektable Ergebnisse vorweisen kann, scheitert fast immer am Kinderkopf. Liebe und Beobachtungsgabe reichen nicht aus, und so bleibt es meist bei einer Kombination von „Punkt, Punkt, Komma, Strich“ und ovalem Luftballon. Selbst wer auf den beliebten Schülertrick zurückgreift und über ein Foto transparentes Papier legt, die Konturen des Gesichtes abpaust und dadurch hofft, originalgetreu zu zeichnen, wird herb enttäuscht: Das soll dieses Kind sein? Selbst professionelle Fotografen geraten beim Kinderbild oft an ihre Grenzen: Trotz bester Beleuchtung, passendem Hintergrund und brav eingenommenen Posen gleicht das Ergebnis oft eher einer Puppe als dem geliebten kleinen Wesen. Die Persönlichkeit, das Unverwechselbare, das, was einem ans Herz gewachsen ist, es bleibt verborgen.

Von Thérèse Martin existieren Tausende Porträts. Zum einen Porträts im wörtlichen Sinn: Vor allem ihre nächstältere Schwester Céline hat als begeisterte Malerin eine Reihe von Gemälden Thereses hinterlassen. Mit einem Fotoapparat, den sie auch nach ihrem Eintritt in den Karmel weiterhin benutzen durfte, hat sie einige Dutzend Aufnahmen von ihrer Schwester gemacht. So ist Therese die erste Heilige, von der eine Serie von Bildern existiert, die ihren gesamten Lebenslauf abdeckt. Aber Therese selbst war mit den Aufnahmen nicht zufrieden. Als Mutter Agnès ihr ein Foto von ihr zeigt, antwortet sie skeptisch: „Ja, schon [...] das ist der Briefumschlag. Wann wird man aber den Brief zu Gesicht bekommen?“ (CJ 20.5.2). Nur zu gut wusste sie, dass das Wesentliche nicht sichtbar gemacht werden kann. Das sollte man nicht vergessen, wenn ihren Verehrern heute mit Vorliebe diese Fotos gezeigt werden. Ob darum nicht weiterhin das schönste Bild jenes beliebte ist, bei dem sie vom Himmel her Rosen auf die Erde streut? Sich ein Bild von ihr zu machen heißt ja nicht, Archäologie der Vergangenheit zu betreiben, sondern auf ihre himmlische Nähe und Hilfe hier und heute zu vertrauen. „Ich werde meinen Himmel damit verbringen, auf Erden Gutes zu tun", so hatte sie zu Schwester Marie de la Trinité gesagt, und so stand es schon auf ihrem Grabkreuz.

Ein Bild Thereses zu entwerfen – wie soll das gehen? Das fängt schon mit dem Namen an: Wie soll man sie nennen? Mit dem französischen Vornamen Thérèse, eingedeutscht Therese oder latinisiert wie im liturgischen Gebrauch Theresia? Aber warum eigentlich nur der blanke Vorname? Man spricht bei männlichen Heiligen der Neuzeit doch auch von Don Bosco und nicht nur von Johannes, von Jean-Marie Vianney oder dem „Pfarrer von Ars" und nicht nur von Johannes Maria, und selbst bei Ordensheiligen fügt man ein „Schwester" Bernarda, „Mutter" Theresa, „Bruder" Konrad oder „Pater" Pio hinzu. Oder soll man sie die kleine Therese nennen? Das hat nichts mit dem Gegensatz zur „großen" Teresa von Avila zu tun, so als wäre sie bloß die niedliche Variante der großen Spanierin. Vielmehr soll sie dies nach einer anonymen Quelle selbst auf ihrem Krankenlager vorhergesehen haben: „Ihr werdet mich *kleine Therese* nennen." Verbürgt ist freilich, dass der angehende Priester Maurice Bellière, für den sie eine Gebetspatenschaft übernommen hatte, sie „kleine Therese" nannte, wessen sie in ihren letzten Lebenstagen aber etwas überdrüssig wurde (CJ 21.9.3). Therese ist unter den fünf Schwestern die „liebe kleine Therese" und „meine kleine Therese" (CG 1135 in Briefen von P. Pichon am 12. Juni 1883 und am 11.–16. September 1883 sowie LD 21/5/83). Aber bei alldem unterschlägt man meist noch eines, ihren Ordensnamen „Therese vom Kinde Jesus". Das ist mehr als ein Schönheitsfehler. Wie wollte man einen jungen Menschen verstehen, der alles daransetzte, mit 15 Jahren in den Orden einzutreten, wenn man den „neuen Namen" (Offb 2,17) einfach vergisst?

Therese vom Kinde Jesus hat nämlich eine in mancherlei Hinsicht durchaus außergewöhnliche Kindheit verlebt. Ihre neun Jahre im Karmel waren dagegen äußerlich gesehen so unspektakulär, dass eine Laienschwester, Schwester Vincent de Paul, sogar einmal meinte, ihr Nachruf würde kaum mehr als ein leeres Blatt beinhalten können: „Ich frage mich, was unsere Priorin über Schwester Therese vom Kinde Jesus wird schreiben können. Was sollte man auch über jemanden schreiben, der ständig verwöhnt wurde und nicht wie wir die Tugend um den Preis von Kampf und Leid errungen hat? Sie war sanft und gutmütig, aber das ist ihre Natur" (PO 177, vgl. PO 312). Fast ganz vergessen wird auch, dass sie später noch einen Zusatz zum Ordensnamen wählte: „und vom heiligsten Antlitz", also dem Angesicht Jesu in seiner Passion. Dennoch ist gerade dieser zweite Name wichtig, weil die Heilige sonst zu sehr auf die geistliche Kindschaft festgelegt wird, während für sie selbst das Leben in der Nachfolge des Gekreuzigten nicht weniger wichtig ist. Im Karmel bedeutet die Namensgebung nämlich, dass seine Trägerin im entsprechenden Geheimnis das ganze Erlösungswerk wie in einem Spiegel betrachtet; von diesem Geheimnis ist sie darum auch wie von einem Siegel geprägt. Bekannt geworden ist diese Übung hierzulande durch die Gestalt der Blanche de la Force in der Erzählung „Die Letzte am Schafott" von Gertrud von le Fort (bzw. „Dialogues des Carmélites" von Georges Bernanos). Dieses junge Mädchen, das bereits unter der Angst der vorrevolutionären Wirren Frankreichs geboren wurde, erhält als Ordensnamen „de Jésus au Jardin de l'Agonie (von Jesus im Garten der Todesangst)", und die erlöste Angst prägt von da an ihr Leben und Sterben im Karmel.

Im alltäglichen Gebrauch wird man sie tatsächlich am besten einfach „Therese" nennen; denn die Eindeutschung ausländischer Namen ist nur bei den viel gebrauchten üblich, also z. B. bei Städten wie Paris, London und Mexiko, die man gewöhnlich deutsch ausspricht. So soll es auch in diesem Buch gehalten werden. Die Namen aller anderen Protagonisten ihres Lebens sollen stets in ihrer französischen Bezeichnung gebraucht werden. Mit dem einfachen „Therese“ drückt sich aus, dass sie jedem Menschen eine Schwester sein will. So gibt sie sich gegenüber dem Seminaristen Maurice Bellière ganz schwesterlich interessiert an den unscheinbarsten Details seines Lebens: „Ist es denn möglich, dass eine Schwester sich nicht für *alles* interessiert, was ihren Bruder angeht?“ (LT 247). Aus besagten Gründen kann man bei dieser Anrede mit Therese auch immer wieder variieren: „Therese von Lisieux“ oder noch besser „Therese vom Kinde Jesus“ (nicht „Jesu“, das wäre die lateinische Version). Daneben hat in der liturgischen und offizielleren Sprache „Theresia“ weiterhin seine Berechtigung. Wer ihre bürgerliche Herkunft anspricht, mag gelegentlich auch Therese Martin oder – in französischer Aussprache – Thérèse Martin verwenden. Schließlich kann man hier und da auch einmal auf das reiche Repertoire von Kosenamen aus ihrer Familie zurückgreifen, also etwa Thérésita, die kleine Königin, die Waise von der Beresina, das Lämmchen bzw. Lamm, die kleine Blume bzw. die Frühlingsblume usw. Das ist in ihrem Fall nicht indiskret, denn in ihrem selbstbiographischen Werk „Geschichte einer Seele“ hat sie ja die ganze Welt am Glück und Leid ihrer einzigartigen Familie teilhaben lassen.

Ein Bild Thereses zu entwerfen, das wird aber nur umso schwieriger, wenn man einmal die Frage nach dem Namen beantwortet hat. Ihr Leben, ihre Lehre und ihre Bedeutung sind in Tausenden von Büchern, Artikeln, Zeitschriften, Predigten, Vorträgen, Gesprächen, Tagungen, Filmen und neuen Medien erzählt, durchleuchtet und interpretiert worden. Dabei ist es ihr wie dem hl. Franziskus, der hl. Elisabeth und vielen anderen populären Heiligen gegangen, dass ihr Worte und Dinge zugeschrieben werden, die nicht auf sie selbst zurückgehen. Dabei stammt etwa das gerne gebrauchte Gebet Thereses für die Priester zwar nicht von ihr selbst, spiegelt aber ihren Geist recht getreu wider: „O Jesus, ewiger Hoherpriester, bewahre Deine Priester im Schutze Deines heiligsten Herzens, wo ihnen niemand schaden kann..." Noch viel verbreiteter aber ist die verhängnisvolle Neigung ihrer Ausleger, etwas in sie hineinzulesen. Viele der einflussreichsten Interpretationen sind trotz aller Verdienste nicht frei von diesem Fehler, auch nicht die früheren Veröffentlichungen des Autors dieses Buches.[1] Fast immer hat dieser Fehler seinen Ursprung darin, dass man Therese ohne oder sogar gegen ihre Zeit las. Darauf wird noch im einzelnen einzugehen sein.

So geht man eben allzu gerne mit Kindern um: Sie sind die Erfüllung der Träume von Erwachsenen. Man liebt sie, aber eigentlich liebt man in ihnen sich selbst und die eigenen Ideale. Was hat man nicht alles schon aus Therese gemacht: den frommen Kinderstar, das herzallerliebste Mädchen, die Frontkämpferin in einer verzweifelten Welt, die größte Theologin der Neuzeit, die Mutter des Zweiten Vatikanischen Konzils, die Mystikerin, Prophetin, Kirchenkritikerin, Befreiungstheologin, Charismatikerin und... christliche Atheistin. Besonders beliebt ist das Spiel, das gerade in Deutschland die einflussreichen Darstellungen von Ida Friederike Görres und Hans Urs von Balthasar aufgebracht haben. Danach sei es Thereses Schicksal gewesen, „mit Waffen der Zeit gegen die Zeit kämpfen zu müssen" (Hans Urs von Balthasar); ihre Welt sei von Kitsch, mangelndem Ernst und frommer Lüge bestimmt gewesen. Die meisten heutigen „Theresianer" teilen die Voraussetzung dieser beiden Interpreten. Aller hohen Theologie entkleidet, entwickelt sie die folgende Vorstellung: Durch eine ungünstige Fügung sei die einmalige Gestalt Thereses in eine Zeit verschlagen worden, welche dieser „größten Heiligen der

[1] Andreas Wollbold, Therese von Lisieux. Eine mystagogische Deutung ihrer Biographie, Würzburg 1994; ders., Im Rhythmus der Liebe. Geistlich leben mit Therese von Lisieux – Lehrerin der Kirche, Leipzig 1998.

Neuzeit" in keinster Weise gewachsen war. Die spirituelle Revolutionärin aus Lisieux habe vielmehr bereits vor 130 Jahren das gelebt, was sich erst sehr viel später in der Kirche durchgesetzt hat oder sich erst durchsetzen muss.

Das ist offen gesagt absurd, und dass selbst klügste Köpfe diesem Märchen geglaubt haben, zeigt, dass Intelligenz alleine noch keinen zuverlässigen Thereseinterpreten macht. Wer auch nur einige beliebige Stellen ihrer Schriften nach dem Zufallsprinzip aufschlägt, findet darin den Geist ihrer Zeit vollkommen widergespiegelt, jedoch keine Spur von Rebellion gegen die angebliche „Enge", den „Moralismus" oder den „Kitsch" des katholischen *fin de siècle*. Wer dagegen die eigene Zeit und Kultur nicht als das Maß aller Dinge anzusehen bereit ist und stattdessen Thereses Welt aus sich selbst heraus verstehen will, wird in Therese das Beste und geistlich Nahrhafteste ihrer Epoche finden. Gerade dadurch wird sie zu einem heilsamen Korrektiv der Gegenwart. Um dafür nur einige Bespiele zu nennen, lässt sich etwa auf folgende Elemente verweisen: ein ungebrochener katholischer Glaube, den sie in der Anfechtung sogar mit ihrem Blut unterschreibt; ausgezeichnete Katechismuskenntnisse; Liebe zur Kirche, zum Papst, zu den Priestern, und das ohne Schönfärberei; Bereitschaft, ja Sehnsucht nach freiwilligen Leiden und Opfern; Klausur, verborgenes Leben und Schweigen in einem beschaulichen Kloster ohne den Wunsch, anderen Menschen in greifbarer Weise z. B. durch Exerzitien und geistliche Begleitung nützlich zu sein; Sprechen und Verhalten gegenüber anderen, das von Rücksichtnahme und Zartgefühl geprägt ist samt dem Verzicht darauf, alles ausdiskutieren zu müssen; schließlich bei all dem ein Sinn für Schönheit, Ordnung und feine Rücksichtnahme.

Ohne alle Übertreibung muss man im Blick auf die gesamte Thereseliteratur bis heute feststellen: Es gibt zwar viel Gutes, Lesenswertes, aber doch leider nichts, was nicht in irgendeiner Form etwas in sie hineininterpretiert. So meint etwa bereits André Combes, der für die wissenschaftliche Edition der theresianischen Texte und die Erforschung ihres Lebens und ihrer Frömmigkeit bahnbrechend war: „Wir haben oft festgestellt, dass fast jeder die Lehre Thereses seiner eigenen Auffassung von Spiritualität, Askese oder Mystik anzupassen sucht. So neigt man dazu, sie gewaltsam ihrer Eigenständigkeit zu berauben."

Nun wird der kritische Leser aber sofort fragen: Wie soll dann dieses Buch gelingen? Vielleicht ganz einfach so, wie es Therese selbst machte. Als ihr einmal ein großes Pferd den Weg versperrte, lief sie einfach unter ihm durch (CSG 43f.). D.h., den Geist nicht hoch und höher schwingen und Thesen, Ideen, Weltformeln zum Zaubertrank mischen, um daraus eine theresianische Botschaft herzustellen. Vor ihrer Gestalt muss man klein und demütig bleiben oder noch einfacher: sie lieben, gut auf jede ihrer Regungen hinschauen und dann Strich für Strich ein Gesamtbild entstehen lassen. Was beinhaltet eine solche Haltung?

1. Respekt vor dem theresianischen Geheimnis: Für Therese gilt das Wort des Psalms 141 (142),5, das sie am Ende ihres Lebens auf sich selbst bezogen hat: „Ich habe zur Rechten geschaut... doch da ist niemand, der mich kennt." Daraufhin sprach sie: „Gott allein kann mich verstehen" (CJ 11.7.1). Sie weiß, dass jeder Mensch letztlich ein Geheimnis bleibt: „Wer auf Erden kennt uns vollkommen, und von wem sind wir vollkommen geliebt?" (CSG 164). Bis ins Letzte kennt und liebt die Menschen nur der Herr: „Jesus allein liest im Tiefsten der Seele" (LT 75). „Mit seinem außergewöhnlichen Feingefühl geht Jesus voraus und beseitigt die Steine auf dem Weg" (LT 149). Auch dies hat Therese mit einem Kind gemeinsam: Man bildet sich ein, es ohne weiteres zu verstehen, seine Art, seine Wünsche, seine Schwächen. In Wirklichkeit aber entzieht sich ein Kind dem Begreifen viel mehr als ein Erwachsener, der es gelernt hat, sich an die Spielregeln seiner Welt anzupassen, und der dadurch in einem viel größeren Ausmaß durchschaubar ist.

Mehr noch, ihre Berufung als Karmelitin ist die Berufung zu einem verborgenen Leben.

Der Karmel ist im Ursprung eine Eremitenbewegung, und auch im gemeinsamen Klosterleben wird die einzelne Schwester nicht von der Kommunität vereinnahmt, sondern das Gemeinschaftsleben ist Schutz, Stütze und Voraussetzung für das Alleinsein mit Gott. So hält sie z.B. täglich zwei Mal eine Stunde Betrachtung und ist dabei „allein mit Gott allein" (solus cum solo), wie das alte Ideal des Gebetes es ausdrückt. Und nach außen hin bedeutet Karmel Klausur – in der damaligen Zeit mit so großer Konsequenz, dass Therese am Tag ihres Eintritts, dem 9. April 1888, sprechen konnte: „Für immer, für immer bin ich hier!" (Ms A 69v). Wenn eine Karmelitin im Sprechzimmer Besuch von Erwachsenen empfing, zog sie bei nicht mit ihr verwandten Personen ihren Schleier über das Gesicht, und für Therese wurde die Verborgenheit vor anderen zum Schlüssel, der ihr den Zugang zu Christus in seiner Passion eröffnete, der als Mann der Schmerzen von der Welt verkannt war.

2. EINFACHHEIT: *Simplicité,* ungekünstelt zu sein, nicht das eigene Ich aufzublähen, mit aller Begrenztheit sich dem lieben Gott in die Arme zu werfen, das sind Grundhaltungen der kleinen Therese. „Ich möchte gern, dass Sie Gott gegenüber ganz freiheraus sind, aber auch gegenüber... mir," rät sie einmal dem Seminaristen Maurice Bellière (LT 261). Das ist der Liebe zu eigen, wie sie der hl. Paulus preist: „Sie prahlt nicht, sie bläht sich nicht auf" (1 Kor 13,4). Gerade Theologen sind immer wieder in der Gefahr, aus dem Leben eines Menschen eine Idee, eine These, ein Programm zu machen. Das aber hieße, Gottes Gnade in diesem Leben auf Menschenmaß zurechtzustutzen. Die Überfrachtung eines Lebens mit Ideen kritisierte sie bei manchen Marienpredigten: „Ich muss ihr wirkliches Leben sehen und keine Mutmaßungen darüber" (CJ 21.8.3*). Ist es nicht viel schöner, die Mutter Gottes zu sehen und zu verehren, so wie sie

wirklich ist, ihre Tugenden und ihren Glauben, einfach und nachahmbar?

Nun war Thereses Leben aber von Gnaden überschüttet. „Ton amour [...] a grandi avec moi – Deine Liebe [...] ist mit mir gewachsen“ (Ms C 35r). Je mehr Gott aber an einem Menschen handelt, umso einmaliger wird sein Leben. Es ist wie jedes große Kunstwerk ein Original. Das Besondere daran aber besteht nicht in menschlichen Wunschvorstellungen von Heiligkeit: „Nein, ich bin keine Heilige,“ sagt sie auf dem Krankenlager. „Niemals habe ich die Taten von Heiligen vollbracht. Ich bin eine ganz kleine Seele, die der liebe Gott mit Gnaden überhäuft hat“ (CJ 9.8.4). Sie selbst bestreitet, dass sie die Schönheit dieses Kunstwerkes schauen könnte: „Welche Schönheit?... Meine Schönheit sehe ich überhaupt nicht, ich sehe nur die Gnaden, die ich von Gott erhalten habe. Ihr täuscht euch immer und wisst darum nicht, dass ich nur ein ganz kleiner Kern bin... ein kleiner Mandelkern...“ Leider muss Pauline, die dieses rätselhafte Bildwort Thereses aufgezeichnet hat, bekennen: „Ich wurde abgelenkt und konnte darum die Erläuterung, die sie gegeben hat, nicht verstehen“ (CJ 10.8.2). Angesichts aller menschlichen Schablonen gibt es darum eine „Einsamkeit der Heiligen“, wie es Guy Gaucher, der sich viel mit Therese beschäftigt hat, einmal genannt hat. In der Tat, jeder, der sich mit Therese beschäftigt, müsste eigentlich bald feststellen: Sie taugt nicht zu einer programmatischen Heiligen. Denn sie besitzt zu viele Seiten. Was aber dann? Therese ist einmalig – und gerade so doch auch eine durch und durch nachahmbare Heilige: „Nein, ich meine nicht, eine große Heilige zu sein! Ich meine, ich bin eine ganz kleine Heilige. Aber ich denke, der liebe Gott wollte Dinge in mich hineinlegen, die mir und anderen Gutes tun“ (CJ 4.8.2).

So hat sie auch selbst einmal von der wahren Verehrung der Heiligen folgendes verlangt: „Welchen Heiligen liebt man um seiner selbst willen? Man lobt ihn, man schreibt sein Leben, man bereitet ihm großartige Feste, veranstaltet religiöse Feierlichkeiten. ‚Laßt uns die Glocke gießen', und schon sehen wir, wie die Leute sich streiten, weil nicht alles gelingt, oder sich freuen, weil alles nach ihrem Willen geht. In der Hitze der Vorbereitungen wird geschrieen und Lärm gemacht. Wenn alles vorüber ist, spricht man über das Orgelspiel, über die Predigt... und der Heilige? – Ich möchte lieber verborgen bleiben, als halbe Ehren genießen. Von Gott allein erwarte ich mir Lob, das mir entspricht" (CSG 163). Somit ist nicht mehr und nicht weniger gefordert, als sie mit Sympathie wahrzunehmen, nichts an ihrem Bild wegzustreichen, auch nicht das, was auf den ersten Blick befremdet oder was überhaupt nicht ins Bild zu passen scheint.

3. Darum ist es auch schwierig, von einer THERESIANISCHEN BOTSCHAFT zu sprechen. Gewiss gibt es charakteristische Züge bei ihr: Vertrauen in die unerschöpfliche Barmherzigkeit Gottes, Reinheit des Herzens, Liebe zum Heiland, immerwährendes Gebet, die Heiligkeit als Weg für alle. Gewiss spricht sie sogar von ihrer „kleinen Lehre", von ihrem „kleinen Weg des Vertrauens und der Liebe". Aber all das ist alles andere als exklusiv theresianisch – und soll es auch gar nicht sein. Die moderne Vorstellung über einen Theologen und Glaubenslehrer, er müsse einen eigenen Ansatz haben, etwas Neues, Unerhörtes, Bahnbrechendes verkünden, ist ihr vollkommen fremd. Man kann geradezu die Grundregel aufstellen: Sobald Therese auf eine einzige Botschaft reduziert wird, gehen wichtige Züge von ihr verloren.

Einige Beispiele:

Sie wird gerne als Kronzeugin für das Lieblings-Credo der Gegenwart herangezogen: „Gott nimmt jeden an, wie er ist." Wie aber verträgt sich dies z. B. mit ihrer Tätigkeit als Gehilfin der Novizenmeisterin, wobei sie unerbittlich auch die kleinsten Fehler der jungen Karmelitinnen aufdeckt und bekämpft?

Ihr kleiner Weg wird meist als Weg der geistlichen Kindschaft verstanden. Auch die Päpste Pius XI. und Pius XII. haben ihre Lehre dahingehend zusammengefasst. Das ist zweifellos zutreffend. Und doch muss man sich hüten, Therese nur vom Bild des kleinen, schutzbedürftigen Kindes her anzusehen. Nicht weniger passt auf sie der Überschwang und die Hingabebereitschaft der Jugend: Mit 14 Jahren fühlte sie sich befreit zum „Lauf eines Riesen" (Ms A 44v), sie wäre gerne in einen Missionskarmel in Vietnam (Tonkin) versetzt worden, nach Saigon, der 1861 von Lisieux aus gegründet worden war, oder später in die 1895 von Saigon aus errichtete Tochtergründung in Hanoi, und ihre Lieblingsheiligen waren die jungen Kämpferinnen und Märtyrerinnen Agnes und Cäcilia, der französische Missionar und Märtyrer Théophane Vénard und die französische Nationalheilige Jeanne d'Arc (Johanna von Orléans). Auf ihrem letzten Krankenlager äußert sie noch: „Wenn ich daran denke, in einem Bett zu sterben! Ich wäre doch so gerne in einer Arena gestorben" (DE/G Varia 3/11). Darin erweist sie sich ganz als Tochter der kämpferischen hl. Teresa von Avila, die in ihrem „Weg der Vollkommenheit" (III,1) die Karmelitinnen mit den Verteidigern einer belagerten Stadt verglich: „Da die Leute in der Stadt auserlesene Leute sind, vermögen sie allein mehr als viele Soldaten, die feig sind. Auf diese Weise erringen sie oft den Sieg. Und selbst wenn sie nicht gewinnen, werden sie doch nicht besiegt."

Ihr kleiner Weg wird auch gerne als Weg der kleinen Taten verstanden. „Nichts Außergewöhnliches tun, sondern das Gewöhnliche außergewöhnlich gut tun!" Das ist wahr, wird aber leicht falsch verstanden. Zum einen war ihr eigenes Leben alles andere als gewöhnlich: Mit 15 Jahren in den Karmel einzutreten und dafür bis zum Papst zu gehen, das ist nicht jedermanns Sache. Freilich hat sie – wie alle Kirchenlehrer – immer klargestellt: Nicht in solchen Aktionen besteht die Heiligkeit, sondern allein in der Liebe. Wohl aber beinhaltet die Liebe eine vorbehaltlose Hingabe an Gottes Willen, und der kann schon einmal einen Ordenseintritt mit 15 Jahren verlangen. Der Weg der kleinen Taten kann also unmöglich bedeuten, ein gutbürgerliches Leben nach eigenem Gutdünken zu führen und dann Gott darum zu bitten, zu allem seinen Segen zu geben. Die kleinen Taten setzen vielmehr die große Hingabe voraus. Es gibt die Versuchung des Quietismus, einer irrigen Bewegung des 17. Jahrhunderts, die aber zu allen Zeiten frommen Menschen zum Fallstrick wurde und die heute besonders virulent ist. „Sich einfach Gott überlassen, ihn alles machen lassen", das klingt sehr geistlich, es unterschlägt aber eine unverzichtbare Forderung: das „Sich-Überlassen" muss immer auch die Entsagung von allem Eigenwillen und aller Suche nach eigenem Vergnügen umfassen. Es benötigt darum aktive Askese, die Einübung in Opfer und Verzicht. Sich kein Opfer entgehen lassen, nicht auf die großen, spektakulären Gelegenheiten warten, sondern jede nächste Gelegenheit nützen, und wenn die Taten auch noch so klein und verborgen sind, das sind Thereses „kleine Taten"! Die „kleinen Taten" sind schließlich auch ein Weg zur Heiligkeit für all jene, die aufgrund von körperlicher Schwäche, Ängstlichkeit oder einfach von Grenzen aufgrund äußerer Umstände oder persönlicher Begrenzungen gar nichts Großartiges tun können. Sie können auch die kleinsten Akte von Glaube, Hoffnung und Liebe mit ganzem Herzen tun und dadurch in der Liebe zu Jesus wachsen.

Seit einigen Jahrzehnten gilt die Glaubensprüfung ihrer letzten 18 Lebensmonate für viele als Schlüssel zu einer ganz anderen Therese. Da erscheint Therese am Tisch der Sünder wie in manchen exegetischen Kommentaren Jesus bei den Mählern mit Zöllnern und Sündern und verkündet ihnen allen: „Ihr seid schon alle gut, denn ihr seid wenigstens ehrlich! Nur wer meint, er besitze den Glauben, ist ein Heuchler." Nun spricht sie selbst aber von einem „Tisch voll Bitternis" (Ms C 6r), an dem auszuharren für sie ein großes Opfer darstellt. Gerade in dieser Prüfung hat sie am Beispiel des gewissenlosen antiklerikalen Apostaten Léo Taxil (Pseudonym für Gabriel Jogand-Pagès, 1854–1907) erfahren, was Gottesleugnung an Schuld mit sich bringen kann. Er hatte seine Bekehrung vorgetäuscht, Botschaften einer ehemaligen Freimaurerin und Satanistin namens Diana Vaughan erfunden und dann in einem provozierten Eklat, mit dem er am 19. April 1897 seine Maske fallen ließ, die katholische Welt lächerlich zu machen versucht. Der Tisch der Sünder ist darum durchaus der Tisch der Sünde, der Bosheit eines Lebens ohne Gott, und die Aufgabe der im Glauben heftig Geprüften ist hier die ganz karmelitanische Berufung zur Sühne, zum Opfer und zur Fürbitte.

Vor allem eine Falle ist zu vermeiden, die leider fast keine Beschreibung Thereses umgeht: der Versuch, THERESE GEGEN IHRE ZEIT UND IHR MILIEU VERSTEHEN ZU WOLLEN. Unumwunden muss der Autor dieses Buches eingestehen, dass er diese Falle auch in seiner mit vielen Fußnoten gespickten Dissertation „Therese von Lisieux. Eine mystagogische Deutung ihrer Biographie" nicht ganz vermieden hat. Es gehört nämlich zu den gängigsten theresianischen Legenden, dass sie ihrer Zeit weit voraus gewesen sei, mehr eine Prophetin des 20. Jahrhunderts als eine Tochter des 19. Jahrhunderts. Die Wahrheit ist: Gerade als Kind des Besten, was ihre Zeit an Glauben und Frömmigkeit hervorgebracht hat, hat sie auch unserer Zeit, ja allen Zeiten etwas zu sagen. Sie ist eine Prophetin, nicht indem man in ihr bloß bestätigt findet, was heute vertreten wird. Nein, auch die Gegenwart muss sich an ihr messen lassen – und da gilt wie angesichts von jedem Heiligen eben doch sehr bald: „gewogen und zu leicht befunden" (Dan 5,27).

Ein Beispiel: Da wird gesagt, früher sei die Heiligkeit hauptsächlich Sache von Priestern und Ordensleuten gewesen, dank des Zweiten Vatikanischen Konzils aber habe die Kirche die allgemeine Berufung zur Heiligkeit entdeckt. Das sind Konzilsmythen! Selbstverständlich waren alle Zeiten katholischen Lebens davon ausgegangen, dass jeder Getaufte auch zu dem Maß an Heiligkeit berufen ist, das ihm die Gnade Gottes bestimmt hat. Therese hat dies selbst als Kind im Gespräch mit Pauline bedacht: „Einmal fand ich es eigenartig, dass Gott im Himmel nicht allen Auserwählten die gleiche Herrlichkeit gibt, und ich fürchtete, es seien dann nicht alle glücklich. Da trug mir Pauline auf, das große ‚Papa-Glas' zu holen und es neben meinen kleinen Fingerhut zu stellen und beide mit Wasser zu füllen. Dann fragte sie mich, welcher von beiden voller sei. Ich antwortete ihr, beide seien gleich voll und man könne nicht mehr Wasser hineingießen, weil sie nicht mehr fassten. So ließ mich meine liebe Mutter also begreifen, dass der Liebe Gott im Himmel seinen Auserwählten so viel an Herrlichkeit geben würde, wie sie aufnehmen könnten, und dass auf diese Weise der Letzte nichts gegenüber dem Ersten zu beneiden habe " (Ms A 19rv). Nur wird heute aber leicht unterschlagen, dass es Heiligkeit nicht ohne die enge Pforte (Lk 13,24) gibt. Sie verlangt den heroischen Tugendgrad, wie der Fachbegriff beim Kanonisierungsprozess heißt. Damit waren und sind aber keine äußerlich gesehen außergewöhnlichen Taten gemeint, wohl aber solche, die erkennbar nicht ohne die vollkommene Hingabe an die Gnade möglich gewesen wären, also z. B. wenn die hl. Maria Goretti ihrem Peiniger sterbend verzieh oder wenn der hl. Maximilian Kolbe freiwillig anstelle eines Familienvaters in den Hungerbunker ging.

Das Problem besteht darin: Frömmigkeit, kirchliches Leben und Theologie der „pianischen Ära", also von Papst Pius IX. bis Papst Pius XII., gelten vielfach als Gegenbild zu einem „modernen" Katholizismus. Unheilvollerweise verbindet sich dieses Klischee auch noch mit der Vorstellung, es müsse einen Bruch zwischen der „vorkonziliaren" und der „nachkonziliaren" Kirche geben. Dieses Muster ist so beherrschend geworden, dass es quer durch die Lager geht. Auch eifrige Verteidiger der kirchlichen Lehre stellen es nicht grundsätzlich in Frage. Der Grund dafür ist einfach: Weithin fehlt noch der Abstand zum Erscheinungsbild der Kirche, das die nachkonziliaren Jahrzehnte hervorgebracht haben. Man stellt zwar einzelne Erscheinungen und Strömungen in Frage, die eigentliche Gewissenserforschung über die eingeschlagenen Irrwege steht aber noch aus. Unverkennbar stellen aber nun nicht wenige Teile dieses Bildes tatsächlich einen Bruch mit der gesamten Tradition dar. Weil man dies aber nicht erkennen und korrigieren will, muss man den Zustand zwangsläufig als Fortschritt und als notwendige Entwicklung ausgeben. Am meisten muss darum die „pianische Ära" schwarzgemalt werden, weil sie der Gegenwart unmittelbar vorausging. Während also z. B. die mittelalterliche Mystik regelrecht zur Mode geworden ist – allerdings zum Teil in eklektischer und einseitiger Auslegung – oder Teresa von Avila, Johannes vom Kreuz und die ignatianische Spiritualität sich in einer recht nonchalant modernisierten Version großer Beliebtheit erfreuen, tun sich nicht wenige Gläubige schwer mit allem, was das 19. Jahrhundert an katholischem Leben hervorgebracht hat.

So ist auch das Bild Thereses in den Sog der kirchlichen Identitätskrise geraten. Bezeichnend für das Unverständnis, das ihrer Zeit entgegengebracht wird, ist Karl Rahners Wort vom „frommen Gesumse" Thereses. Fast schon ein Gemeinplatz sind Ansichten geworden, die jedoch jeder sachlichen Grundlage entbehren:

Die Frömmigkeit Frankreichs im ausgehenden 19. Jahrhundert wird oft als jansenistisch bezeichnet. Sie sei übermäßig streng und rigoristisch gewesen. Nun ist der Jansenismus eine Richtung des 17. Jahrhunderts, die in Thereses Zeit bereits lange lehramtlich verurteilt worden war. Insofern ist ein solches Etikett anachronistisch. Aber mit „jansenistisch" sollen vielmehr Grundlagen der katholischen Frömmigkeit getroffen werden, welche die ernste Seite der christlichen Existenz auch ernst nehmen: Sünde,

Buße, Beichte, Sühne und der Ausblick auf das göttliche Gericht.

Thereses Hinneigung zur Barmherzigkeit Gottes wird oft als Überwindung des Blicks auf Gottes Gerechtigkeit verstanden. Ein freundliches Gottesbild habe über ein dunkles gesiegt, wie selbst ein Guy Gaucher meint: „In terrorisierende Predigten eingeschlossen, die sie zur Krise der Skrupel führen (in den Buissonnets und dann im Karmel), hat sie vom Heiligen Geist einen Weg ‚des Vertrauens und der Liebe' (Ms A 80v; Ms C 37v) empfangen, der sie für immer von Furcht und Angst befreien wird. Es ist ein Weg der Heiligkeit, den sich nach ihr ‚eine große Zahl von kleinen Seelen' (Ms B 5v) zu eigen machen kann."[2] Therese selbst hat ihre Sicht aber keineswegs als Maß aller Dinge oder gar als „Revolution aus Lisieux" verstanden, sagt sie doch: „Ich sehe allerdings ein, dass sich nicht alle Seelen gleichen können. Es muss verschiedene Familien geben, damit jede einzelne der Vollkommenheiten des Lieben Gottes eigens verehrt wird. Mir hat er seine *unendliche Barmherzigkeit* gegeben, *durch sie hindurch* beschaue ich alle anderen Göttlichen Vollkommenheiten und bete sie an!..." (Ms A 83v).

Therese wird gerne als unter der Enge ihrer Zeit leidend dargestellt. Diese sei so moralistisch gewesen. Wenn moralistisch bedeutet, dass man Gut und Böse gekannt hat und die Kinder vom Erwachen ihres Bewusstseins an dazu hinführte, sich zu beherrschen, sich von Charakterfehlern zu reinigen und Gott und sein Gebot an die erste Stelle zu setzen, dann kann dies doch nur zum Besten gewesen sein. Man darf wohl sicher davon ausgehen, dass Eltern und Lehrer, wenn man sie sozusagen im Blindtest einer Schar Kinder von damals und von heute begegnen ließe, sich meistens für erstere begeistern würden. Das Problem wäre nur, dass die Kinder dann auch mit Recht von den Erwach-

---

2 Guy Gaucher, L´„Histoire d´une âme" de Thérèse de Lisieux, Paris 2000, 22.

senen eine gleiche Selbstbeherrschung und Festigkeit im Verhalten verlangen dürften...

Unvermeidlich war es schließlich, dass Therese auch zur Kronzeugin eines katholischen *gender mainstreaming* gemacht wurde. Da werden einzelne Bemerkungen aus dem Zusammenhang gerissen und als Unbehagen am „Kinder, Küche, Kirche"-Frauenbild ihrer Zeit gedeutet. Ohne ernsthafte Grundlage in ihren Anschauungen wird aus ihr eine Vorkämpferin für das Priestertum der Frau gemacht, während sie doch nur darüber nachdenkt, dass sie gerne als Junge auf die Welt gekommen und dann Priester geworden wäre. Sie sei kritisch gegenüber dem Klerikalismus ihrer Zeit gewesen, insofern ihrem nüchternen, realitätsbezogenen Sinn bestimmte Arten von überschwänglichen Predigten nicht zugesagt haben. Man muss aber z. B. einmal genau studiert haben, wie clever Pauline im Verborgenen für den Eintritt Thereses in den Karmel gearbeitet hat, um zu begreifen, wie die wirklichen Machtverhältnisse aussahen.

Jedenfalls hat der arme Superior des Karmels, Abbé Delatroëtte, bei Thereses Schritt über die Schwelle des Klosters am 9. April 1888 entnervt ausgerufen: „Nun denn, meine ehrwürdigen Mütter, Sie können ein Te Deum anstimmen! Als Vertreter des Bischofs übergebe ich Ihnen dieses Kind von 15 Jahren, dessen Eintritt Sie gewollt haben. Ich wünsche, dass es Ihre Hoffnungen nicht enttäuscht, aber ich erinnere Sie daran, dass, wenn es anders kommt, Sie allein dafür die Verantwortung tragen" (PA 141). Oder man will Therese als Verkünderin eines weiblichen Gottesbildes verstehen: weich, mitfühlend und verzeihend. Was aber ist daran weiblich? Hat sie dies nicht vor allem bei ihrem Vater Louis Martin erfahren dürfen, während es in der Familie energische Frauengestalten, ihre leibliche Mutter Zélie Martin, ihre Schwestern Pauline und Marie, und im Karmel Mutter Marie de Gonzague waren, die „männlich" fordernd, streng und jede Illusion zerstörend auftraten?

Wie also kann man Therese von Lisieux begegnen, wie es sich dieses Buch vorgenommen hat? Zunächst soll möglichst getreu und genau ihr Lebenslauf beschrieben werden, was sie erlebt und erlitten, was sie gesagt und was sie gedacht hat. Denn ein Leben, von der Barmherzigkeit Gottes angerührt, ist tausendmal wertvoller als alle Gedanken, die Menschen dazu einfallen. Dafür gehen wir ihren Lebenslauf entlang und benutzen dabei alle verfügbaren Quellen, also ihre eigenen Schriften und Aufzeichnungen ebenso wie die der Augenzeugen ihres Lebens. Nicht zu vernachlässigen sind aber auch all jene Dokumente, die Thereses Zeit und Umwelt besser verstehen lassen. So wird die Biographie der Heiligen einen nicht unbeträchtlichen Teil einnehmen. Auch wenn sie schon viele Male nacherzählt wurde, lassen sich doch immer noch darin Entdeckungen machen. Das betrifft etwa die Tatsache, dass Therese ein intellektuell überdurchschnittlich begabter Mensch war und darum in allen Höhen und Tiefen das „Drama des begabten Kindes" (Alice Miller) durchlebte. Auch ist wohl der frühe Verlust der Mutter nicht so einschneidend gewesen, wie oft vorausgesetzt wird. Erst nach den biographischen Fakten kann die Auslegung ihrer Lehre beginnen. Zentrale Frage wird die nach dem kleinen Weg sein. Was bedeutet er? Wie sind die verschiedenen Elemente ihrer Lehre darauf zu beziehen? Wie lässt er sich im eigenen Leben anwenden? Auch hier dürfte die eine oder andere Überraschung nicht ausbleiben. Des weiteren sollen einige Leitgedanken ihrer Lehre beleuchtet werden: Nächstenliebe, Mission, Familie und Leiden. Auch weniger bekannte Züge in ihrem Bild sollen wenigstens nicht unerwähnt bleiben, etwa ihre kämpferische Natur. Lebenslauf und Lehre, beides zusammen will sich vor allem um eines bemühen: ein möglichst wenig überzeichnetes, realistisches und gerade dadurch liebenswertes Porträt der Heiligen aus Lisieux zu zeichnen.

Geschichte von Thereses Lebens

Auf der Schaukel

An einem warmen Sommertag in Alençon, einem ruhigen Städtchen der Normandie – man schreibt den 25. Juni 1874 – sitzt eine neunfache Mutter an ihrem Sekretär und verfasst einen langen Brief an ihre beiden Ältesten. Sie heißt Zélie Martin, mit Mädchennamen Guérin, und ist jetzt 42 Jahre alt. Die genauen Beschreibungen der Neuigkeiten aus Familie und Nachbarschaft zeugen von ihrer Intelligenz. Die schöne, regelmäßige Schrift verrät die disziplinierte Herstellerin der berühmten Alençon-Spitzen. Ihr Briefschluss zeigt sie zudem als überaus fleißige Unternehmerin mit bis zu 20 Heimarbeiterinnen; seit elf Jahren hat sie sich mit ihrer Produktion selbständig gemacht: „Heute ist kein Sonntag, und ich geize mit meiner Zeit, um zu arbeiten" (CF 25/6/1874). In der Tat steht sie in dieser Zeit morgens um fünf Uhr auf, besucht die erste hl. Messe eine halbe Stunde später und arbeitet dann bis abends um zehn, obwohl sie nachts noch ein- bis zweimal für ihre 18 Monate alte jüngste Tochter aufstehen muss. Ihre Devise lautet: „Je mehr Mühe ich habe, um so besser fühle ich mich" (CF 24/6/1874).

Ihre beiden Töchter Marie (* 1860) und Pauline (* 1861) befinden sich seit 1868 im Internat der Visitandinnen von Le Mans. Schule und Internat genießen einen hervorragenden Ruf, der vor allem die Kinder von Adeligen und wohlsituierte Bürgerstöchter anzieht. Die beiden dagegen kamen dorthin durch Vermittlung ihrer Tante, Schwester Marie-Dosithée Guérin, der älteren Schwester Zélies und ihrer Vertrauten und Ratgeberin. In Le Mans lernen sie die zugleich warmherzige und fordernde Frömmigkeit des hl. Franz von Sales ebenso kennen wie den unvergleichlichen Geist des katholischen französischen Mädchenpensionats –

fein, zartfühlend und dabei doch heroisch wie in den Zeiten einer hl. Cäcilia und hl. Agnes.

Nachdem Zélies Brief einige Vorfälle aus der Stadt berichtet hat, wendet er sich der Familie zu. Natürlich steht die Jüngste im Mittelpunkt, Marie-Françoise-Thérèse Martin. Geboren am 2. Januar 1873, musste sie schon bald zu einer Amme gegeben werden, zu einer stämmigen Bauersfrau aufs Land. Von dort war sie erst vor sieben Wochen gesund, braungebrannt und wohlgenährt heimgekehrt. Vorhin hat Vater Louis eine Schaukel an einem Baum im Garten aufgehängt. „Céline ist außer sich vor Freude. Doch die Kleine muss man schaukeln sehen. Es ist zum Lachen, sie hält sich wie ein großes Mädchen fest, keine Gefahr, dass sie das Seil loslässt. Wenn es dann aber nicht hoch genug geht, schreit sie. Dann wird sie mit einem anderen Seil vorne gesichert. Trotzdem habe ich keine Ruhe, wenn ich sie da sitzen sehe“ (Ms A 5r). Mit Dankbarkeit, ein wenig Stolz und mütterlicher Sorge betrachtet Zélie ihre Kleine. Es lohnt sich, mit ihr vor dieser Idylle zu verweilen. Da jauchzt Céline (* 1869), die Zweitjüngste, über die Schaukel, und schon tapst die Kleine herbei und will es ebenfalls versuchen. Vorsicht, Vorsicht!, soll das denn gut gehen? Aber das Kind überrascht alle. Es begreift sofort, worauf es beim Schaukeln ankommt, und los geht's. Nicht hoch genug kann es sich emporschwingen. Die Sicherung durch das Seil lässt es sich als Ausdruck der elterlichen Sorge wohl gefallen, denn es engt sie in ihrem Bewegungsdrang, in ihrer Lebenslust nicht ein. Zieht anfangs noch alles nach unten, so überwiegt doch bald die Fliehkraft, die immer höher fliegen lässt. Hoch geht es und herunter, einmal erscheinen die Umstehenden groß und dann wieder ganz klein. Die Seile halten fest, und ihr Halt macht den Schwung empor erst möglich.

Als dieselbe Therese etwa 21 Jahre später ihr Leben beschreibt, war diese sommerliche Szene auf der Schaukel eine der ersten, die sie wiedergab. Wählte sie diese Erinnerung einfach deshalb aus, weil Schaukeln auch in späteren Jahren zu ihren Lieblingsbeschäftigungen gehörte?

Auch ihre praktische Schwester Marie unterstützte diesen Zeitvertreib sehr, weil die Kleine den Rücken nicht gerade genug hielt. So hängte Vater Martin Jahre später am Schuppen ihres Hauses in Lisieux ebenfalls eine Schaukel auf, und da schwang Therese sich so hoch, dass sie über die Gartenmauer schauen und ein altes Mütterchen mit einer Baumwollhaube erspähen konnte: „Ich kann die Mutter Godet sehen!" (LT 20+b). Ja, dieses Spiel von Groß und Klein, von Oben und Unten, hat sie in vollen Zügen genossen. Doch gerade darum hat Therese im Schaukeln wohl auch ein Inbild ihres Lebens gesehen. Hoch empor und dann wieder tief hinab stürzen, ja, das Schaukeln sagt viel über Therese selbst. Sie besaß ja einen intuitiven Sinn für solche Situationen, bei denen in einem einzigen Augenblick ein Bild des Ganzen entsteht. „Ich hatte nicht Augen genug, um zu schauen," beschreibt sie diese ihre Gabe später einmal anlässlich der Fahrt durch die Alpenwelt der Schweiz (Ms A 57v). So kann man in diesem Augenblick auf der Schaukel auch die großen Linien erkennen, die sie zeit ihres Lebens bestimmten. Da ist die aufmerksame Zuwendung des Vaters, der ihr eine Freude machen will. Seine liebende, feste Hand sichert ihr nicht nur das tägliche Brot, sondern sie überrascht auch mit etwas Besonderem wie der Schaukel am Baum, noch bevor sie es sich wünschen kann. Gleichzeitig sorgt er mit einem zusätzlichen Seil noch an dem Punkt für sie, an dem die Kleine selbst noch gar keine Gefahr sieht.

So entsteht eine Welt der Liebe und der Ordnung; beides stärkt ihr Vertrauen. Festigkeit und Halt verleihen ihr darum Sicherheit und die Freiheit, sich nach Kräften emporzuschwingen. Und wirklich, sie wächst in eine Familie hinein, die rundum geordnet ist. Ordnung ist für sie kein schweres Joch, das sie einengt und das sie nur widerwillig trägt. Sie ist für sie die Voraussetzung, um sich zu entfalten.

Denn es ist eine Ordnung, die von Liebe getragen ist. Bald wird sie erkennen, dass hinter dieser Ordnung Gott selbst steht, der Vater im Himmel, der ihr alles aufs Feinste bereitet hat. Sich ihm anzuvertrauen, alles von ihm erwarten zu dürfen, den großen Himmel ebenso wie die Erfüllung kindlicher Wünsche, an ihm allein ihre Freude zu haben und ihm durch das eigene Verhalten auch stets Freude zu bereiten, diese Haltung ist ihr von Kindesbeinen an in Fleisch und Blut übergegangen. Ihr Ordensname „vom Kinde Jesus" wird einmal diese Haltung treffend widerspiegeln.

Dann sind bei dieser Szene auf der Schaukel aber auch die Augen der Zuschauer: Vater und Céline in der Nähe, die briefschreibende Mutter drinnen, irgendwo auch ihre Schwester Léonie und – im Brief und in den Gedanken von Zélie – auch die geliebten beiden Großen, Marie und Pauline. Auch das ist ein Bild ihres Lebens: Sie lebt davon, dass andere auf sie schauen und an ihr Gefallen finden. Gleichgültigkeit, vielleicht sogar Ablehnung wie später in ihrer Schulzeit, verunsichert sie, und dann zieht sie sich auf sich selbst zurück. Aber es ist noch mehr. Die anderen schauen auf sie, weil sie sehr rasch bemerken: Therese ist etwas Besonderes. Die damalige Erziehung vermied es zwar sorgfältig, ein Kind für Besonderheiten zu loben, um es nicht stolz, eingebildet und selbstgefällig zu machen. Darum finden sich in Briefen und Äußerungen ihrer Umwelt nur wenige Hinweise auf das Außergewöhnliche an ihr. Dennoch ist sie unverkennbar ihrem Alter weit voraus, wie Mutter Zélie klarsichtig bemerkt: „Es ist zum Lachen, sie hält sich wie ein großes Mädchen fest, keine Gefahr, dass sie das Seil loslässt. Wenn es dann aber nicht hoch genug geht, schreit sie." Vor allem ihr Geist ist bereits sehr entwickelt. Noch keine drei Jahre alt, hat sie gelernt, dass das Ziel des Menschen der Himmel, das Tor dazu aber der Tod ist. Und so umarmt sie ihre Mutter inniglich und... wünscht ihr den Tod. Auch nachdem sie erschrocken zurechtgewiesen wird, beharrt sie auf ihrer Überlegung: „Das ist doch nur, damit du in den Himmel kommst. Du hast doch gesagt, man muss sterben, um dorthin zu kommen." Und wie zur Bekräftigung äußert sie denselben Wunsch auch gegenüber ihrem Vater (Ms A 4v; CF 5/12/1875).

So ist das kleine Kind, um das seine Mutter vor wenigen Monaten noch Todesängste ausstand, zur Himmelsstürmerin geworden – augenblicklich zwar nur auf der Schaukel, aber, wie sich bald zeigen wird, noch viel mehr mit aller Kraft ihrer Seele. Nicht schnell genug, nicht hoch genug, nicht umfassend genug kann ihre Liebe sich nach oben schwingen. „Ich wähle alles" (Ms A 10r), mit diesem kindlich-spontanen Wort hat sie sehr treffend ihr Lebensprogramm beschrieben. Darin lässt sie sich niemals beirren: Sie will heilig werden, nichts weniger. Zugleich versteht sie schon, dass der Weg zur Heiligkeit für sie eines voraussetzt: Vertrauen und Liebe. Fest wie das Seil an der Schaukel muss ihre Gewissheit sein, dass sie von der Liebe Jesu gehalten ist. Wäre dieses Vertrauen einmal zerstört, dann wäre alles zunichte.

Hier zeichnet sich bereits ein weiteres Thema ihres Lebens ab, das verborgene Leben. Vertrauen heißt Hingabe an einen anderen. Was aber, wenn dieser andere sich verbirgt? Wenn Jesus im Boot ihres Lebens wie einst in dem der Jünger schläft (vgl. Mt 8,24 / Mk 4,38 / Lk 8,23), während die Wellen bereits über den Rand des Bootes schlagen? Und was ist mit ihrem Vertrauen, wenn in ihr selbst Gedanken aufkommen, dass sie mit ihren Fehlern gar nicht liebenswert sein kann? Eine Zeit lang wird sie die schwere Krankheit der Skrupulosität kennen: „Um sie richtig zu verstehen, muss man durch sie hindurchgegangen sein. Auszusprechen, was ich *eineinhalb Jahre lang* erlitten habe, ist mir nicht möglich..." (Ms A 39r). Was ist schließlich, wenn die Menschen ganz anderen Maßstäben folgen, so dass Therese nur gegen alle menschlichen Gedanken auf den Herrn vertrauen kann? Wenn nur wenige außerhalb der Familie verstehen werden, warum sie als 14-Jährige unbedingt schon in den Karmel eintreten muss und nicht einige Jahre warten kann?

Klein sein und bei den Großen mithalten können, hinauf und herab zu fliegen, unter den Augen der anderen eine überraschende Persönlichkeit zu sein, all das schwingt also bereits in dieser Szene auf der Schaukel mit.

„... erwacht in einer Welt der Heiligkeit"

„Mein kleines Mädchen wurde gestern, Donnerstag, um 23.30 Uhr geboren. Es ist sehr kräftig und gesund; man sagt mir, es wiege acht Pfund; sagen wir sechs, das ist schon nicht schlecht. Es scheint sehr lieb zu sein. [...] Sie wird morgen, am Samstag, getauft" (CF 3/1/1873). Mit diesen Worten teilt Zélie Martin ihrer Schwägerin in Lisieux die Geburt ihres neunten Kindes mit. Ihrer Herkunft nach ist Therese von Lisieux also eine Therese von Alençon, Tochter einer besinnlichen Stadt in der Normandie mit 16037 Einwohnern, bekannt allein durch die Alençon-Spitzen, deren Herstellung sich auch Zélie widmet, sowie durch Stoffe und Pferde. Viereinhalb Jahre durfte Therese in der Wohnung der Rue Saint-Blaise 36 (heute 42) in der Altstadt verbringen. Es waren „sonnendurchflutete Jahre" (Ms A 11v) in einer Stadt, die auch die Heimatstadt ihrer beiden Eltern war.

Zélie und Louis Martin waren in jeder Hinsicht außergewöhnliche Eltern. Ihre Seligsprechung am 19. Oktober 2008 hat diesen Eindruck nur besiegelt, der sich jedem Leser von Thereses Schriften von den ersten Seiten an aufdrängt. Louis-Joseph-Aloys-Stanislaus Martin (1823–1894), bei der Geburt Thereses bereits fast 50 Jahre alt, ist der von allen als Haupt der Familie hochverehrte „Patriarch". Unbestritten verkörpert er Autorität und Ordnung einer katholischen Familie, die ganz auf Frömmigkeit, Tugend und warmherzige Anteilnahme gegründet ist. Wenn er also fast nur als gütiger, gefühlvoller Vater in Erscheinung tritt, so ist doch nicht zu verkennen, dass er wie selbstverständlich den Sinn für Hierarchie und Gehorsam voraussetzt – da ist er ganz der Sohn von Pierre Martin, einem Militärangehörigen, der mit Begeisterung an den napoleonischen Kriegen teilnahm. Seine Mutter Marie-Anne Fannie geb. Boureau entstammte übrigens ebenfalls einer Soldatenfamilie. Geboren in Bordeaux, wuchs Louis in Avignon, Straßburg und Alençon auf, wohin sein Vater jeweils versetzt worden war. Alençon wählte er sich dann zum Ruhesitz.

Gerne hätte es sein Vater gesehen, wenn Louis ebenfalls eine militärische Laufbahn eingeschlagen hätte, aber dessen ruhiger Charakter und seine Gabe zu präzisem Qualitätshandwerk führten ihn zur Uhrmacherei, die er bei einem Aufenthalt in Rennes 1842/43 kennengelernt hatte und deren Fertigkeiten er sich dann durch eine zweijährige Lehre in Straßburg aneignete. Zwanzig Jahre lang, von 1850–1870, wird er nun seinen Beruf als Uhrmacher ausüben und auch als Juwelier arbeiten. Neben seiner Arbeit aber liebt er vor allem die Einsamkeit, das Gebet, das stille Angeln und Wandern und die romantische Literatur. Seine tiefe Religiosität ließ ihn im Alter von 20 Jahren eine Ordensberufung ernsthaft in Betracht ziehen. Gewiss hat auch der frühe Tod all seiner vier Geschwister seine Seele ganz zur Ewigkeit hingezogen. Seine ausgeprägt romantische Art zog ihn zu den Augustinerchorherren vom Großen Sankt Bernhard auf 2472 Metern Höhe, die er im September 1843 besuchte. „Ich bin glücklich, das Hospiz gesehen zu haben. L. Martin," so trug er ins Gästebuch ihres Hospizes ein. Nach seiner Lehre machte er sich von Straßburg aus zu Fuß dorthin auf. Aber die Zulassung zum Kloster wird ihm nicht gewährt, u.a. deshalb, weil es ihm in den Jahren zwischen 1845 und 1847 nicht gelingt, sich die geforderten Lateinkenntnisse anzueignen. Doch seine ruhige, kontemplative Art bewahrt er für sein Leben: Er war „nachdenklich und zum Träumen veranlagt", berichtet Pauline, auf der Suche nach „Schweigen und dem Frieden einer tiefen Einsamkeit". Typisch für ihn ist später der Erwerb eines „Pavillon", also eines kleinen Ortes des Rückzugs in Alençon; neben Angelutensilien finden sich fromme Mahnungen an der Wand wie „Gott sieht mich". Zurück aber zur Chronologie: Nachdem er seine Klosterpläne aufgegeben hatte, begab er sich zur Vervollkommnung seines Handwerks nach Paris, doch durch die Unterstützung einer selbstlosen Helferin konnte er sich 1850 in Alençon Haus und Werkstatt erwerben und somit als Handwerker niederlassen.

Der erste Brief von Zélie Martin geb. Guérin (1831–1877) nach der Geburt Thereses verrät das große Glück der Mutter. (Durch ihren umfangreichen Briefwechsel sind wir über ihr Leben, ihre Ansichten und Sorgen aus erster Hand bestens informiert.)[3] Trotz ihres großen Erfolges und ihrer unermüdlichen Arbeit in der Fabrikation der Alençon-Spitzen schlägt ihr Herz doch ganz für ihre Kinder. „Ich habe Kinder schrecklich gern; ich war geboren, sie zu bekommen. Aber es wird bald so weit sein, dass es aufhört; am 23. dieses Monats werde ich 41 Jahre, ein Alter, in dem man Großmutter wird" (CF 15/12/1872), so bekennt sie zwei Wochen vor der Geburt Thereses, ihrer Jüngsten. Doch auch ihr Leben neigte sich zuerst einer Ordensberufung zu, ähnlich wie bei ihrer älteren Schwester Elise, besagter Schwester Marie-Dosithée (1829–1877) im Kloster und Pensionat der Visitandinnen in Le Mans. Gewiss spielte dabei auch ihre Ausbildung bei den Anbetungsschwestern (Dames de l'Adoration) von Alençon eine Rolle. Zuhause wurde ihr der einzige Bruder, Isidore, der auch noch zehn Jahre jünger war, stets vorgezogen und verwöhnt. Ihrem tatkräftigen und einfühlsamen Naturell entsprechend, wäre sie gerne bei den Vinzentine-

[3] Zélie Martin, Briefe der Mutter der heiligen Therese von Lisieux, Leutesdorf ²1985.

rinnen eingetreten, wurde aber ohne weitere Begründung abgewiesen.

Nach Jahren der Arbeit wandte sie sich schließlich der Ehe zu. Eines Tages begegnete ihr auf einer Brücke ein Mann mit edlen, verinnerlichten Gesichtszügen voll Würde, und eine innere Stimme sagte ihr: „Dies ist der Mann, den ich für dich vorgesehen habe." Bald lernten die beiden sich näher kennen und wussten sich mehr und mehr von der Vorsehung selbst zusammengeführt. So gaben sich Louis und Zélie bald darauf am 13. Juli 1858 in der wunderschönen gotischen Marienkirche ihrer beider Heimatstadt das Jawort – einem Brauch der Zeit entsprechend um Mitternacht. Neun Kinder gingen aus der Ehe hervor, von denen jedoch zwei Jungen und zwei Mädchen schon in zartestem Alter in die Ewigkeit eingingen. Die überlebenden Geschwister waren Marie (1860–1940), Pauline (1861–1951), Léonie (1863–1941), Céline (1869–1959) und eben die Jüngste, Thérèse Martin (1873–1897). Zwei Eltern von höchster Frömmigkeit und Tugend, ein Elternhaus, deren Hausherr nur einer sein konnte, nämlich Gott, und die Entschlossenheit, alles Licht und alles Dunkel allein auf ihn hin auszurichten, das also war das Zuhause Thereses. In anrührenden Worten erinnert sie sich später an Mutter und Vater: „Ich liebte Mamas Lächeln./ Ihr tiefer Blick schien zu sagen:/ Die Ewigkeit entzückt mich und zieht mich an. [...] Oh!, was liebte ich es, im Belvedere,/ überflutet von Freude und Licht/ die Zärtlichkeit eines Vaters zu empfangen, seine schneeweißen Haare zu betrachten" (PN 18). Liebe und Ordnung, damit könnte man dieses Heim gut umschreiben. Auch die anderen Geschwister Thereses haben dies so empfunden. So legt Therese Céline ein „Gebet der Tochter eines Heiligen" in den Mund: „Erinnere dich, dass du sie im Belvedere stets auf deine Knie setztest. Und als du dann leise ein Gebet sprachst, wiegtest du sie mit einem flüsternden Vers in den Schlaf. Da erblickte sie einen Widerschein des Himmels auf deinem Gesicht"

(PN 8). Ganz recht fasst Hans Urs von Balthasar diese einzigartige Umgebung zusammen: „Therese erwacht also in einer Welt der Heiligkeit.“[4]

Die ersten Jahre

Geboren also am 2. Januar 1873 als letztes von neun Kindern von Louis und Zélie Martin in Alençon (Normandie), wurde Therese zwei Tage später auf den Namen Marie-Thérèse-Françoise getauft; ihre Taufpatin war ihre damals 13jährige älteste Schwester Marie. Doch schon zwei Wochen später zeigte das Baby erste Symptome von Verdauungsstörungen. Auch war Zélie nicht imstande, den Säugling ausreichend zu stillen. Eine unsagbare Unruhe beschlich diese; schon vier ihrer Kinder hatten die ersten Lebensjahre nicht überstanden, und mehr als einmal hatte der Tod sich durch ähnliche Symptome angezeigt. Nach vorübergehender Besserung dann der Rückfall am 1. März: „Heute hat sich alles sehr verändert; es geht ihr sehr schlecht, und ich habe keine Hoffnung, sie zu retten. Seit gestern leidet die arme Kleine schrecklich; es zerreißt einem das Herz, sie so zu sehen“ (CF 1/3/1873). In äußerster Not läuft Zélie Anfang März zum Arzt. Dieser bestätigt ihr, was sie schon dachte: Eine Amme ist der einzige Ausweg. Bei Tagesanbruch macht sie sich auf den 8 Kilometer langen Weg zum Bauernhof der Rose Taillé in Semallé. Unterwegs begegnen ihr zwei Männer, von denen sie sich bedroht fühlt. Doch sie ist so verzweifelt, dass sie denkt: „‚Und sollten sie mich töten, es macht mir nichts aus.‘ Ich hatte den Tod in der Seele“ (CF 3/1873).

Zuerst ist das Baby zu schwach zum Trinken, und Rose schüttelt nur stumm den Kopf. Zélie aber gibt nicht

---

[4] Hans Urs von Balthasar, Schwestern im Geist. Therese von Lisieux und Elisabeth von Dijon, Einsiedeln 1970.

auf und fleht den hl. Joseph um das Leben des Kindes an. Gespannt betritt sie wieder den Raum, und siehe da, das Kind trinkt ununterbrochen. Ganz erschöpft von der Anstrengung scheint das Kind aufgehört haben zu atmen. Eine Viertelstunde vergeht, und vor Angst gefriert allen das Blut in den Adern. Doch dann schlägt Therese die Augen auf und lächelt. Das Kind ist gerettet. Das Leben auf dem Land bekommt ihr prächtig. Einen Monat später zeigt sie sich bei einem Besuch in Alençon bereits „sehr gesund und kräftig" (CF 20/4/1873). Die Sommersonne bräunt sie gehörig, und den Herbst tritt sie „sehr stark und groß" an (CF 27/10/1873). Ein ganzes Jahr bleibt sie in Semallé, dann darf Therese am 2. April 1874 definitiv nach Hause zurückkehren. Zélie staunt, denn sie ist „sehr weit voraus für ihr Alter" (CF 29/3/1874). Wenige Wochen später kann sie bereits fast alles sprechen, im November singt sie schon Liedchen.

Bald offenbart sie ihren Charakter. Sie ist aufgeschlossen, ganz lieb und anhänglich, und sie versteht es, jeden mit ihrem Charme für sich einzunehmen. Wenn Marie und Pauline, die beiden Großen, aus dem Pensionat zu ihren Ferien kommen, ist des Jubels kein Ende. Gleichzeitig ist sie aber auch „fast unüberwindlich dickköpfig" (CF 13/5/1875), kann schreckliche Wutanfälle entwickeln und wälzt sich am Boden hin und her (CF 5/12/1875). Wenn sie eine Idee im Kopf hat, bringt sie keiner davon ab. Sie hüpft die Stufen des Treppenhauses hinab, und bei jeder Stufe ruft sie „Mama!" Wenn Mama bei einer Stufe aber einmal vergisst, zu antworten „Ja, mein Kleines!", dann bleibt sie dort stehen wie angewachsen. So vereint sie zwei kraftvoll ausgebildete Gegensätze: Sie ist sehr extrovertiert und mitteilsam (Ms A 4v), kann aber auch sehr ernst, gesammelt und innerlich werden (Ms A 8v).

In diesen ersten Jahren erwacht auch ihre Religiosität. „Seit meinem dritten Lebensjahr ist keine halbe Stunde vergangen, in der ich nicht an den lieben Gott gedacht habe," so wird sie später einmal bekennen. Abends will sie nicht einschlafen, wenn sie nicht ihr Gebet verrichtet hat (CF 5/11/1875). Schon mit zwei Jahren denkt sie: „Auch ich werde Nonne" (Ms A 6r), und mit vier Jahren weiß sie bereits, wie sie in der Klausur leben will (LD 4/4/1877). Mit drei Jahren, so erinnert sie sich später, „habe ich angefangen, nichts von dem zu verweigern, was der liebe Gott von mir haben wollte" (DE 717). Den Eindruck dieses Kindes gibt sehr schön Pauline wieder, wenn sie einer Schulfreundin schreibt: „Wie sehr wünschte ich, dass dieser kleine Engel niemals groß würde. Das ist so etwas Schönes, eine kleine Seele, die niemals den lieben Gott beleidigt hat... Ich habe meine Therese sehr gerne nahe bei mir; mir scheint, mit ihr kann mich kein Unglück erreichen" (LD 4/4/1877).

1877 – Therese ist gerade einmal vier Jahre alt – legt sich der Schleier des Todes über diese glückliche Kindheit. Am Heiligen Abend 1876 hatte Madame Martin ihren Arzt wegen eines Gewächses in der Brust konsultiert, doch dieser kann nur feststellen, es sei zu spät für eine Operation (CF 24/12/1876). Auch eine in letzter Minute unternommene Wallfahrt nach Lourdes bringt keine Heilung, und nach kurzem, schwerem Leiden stirbt die noch junge Frau am 28. August 1877. „Komm, gib deiner armen kleinen Mutter einen letzten Kuss", sagt Vater Louis zu Therese. „Ohne ein Wort legte ich meine Lippen auf die Stirn meiner lieben Mutter... Ich kann mich nicht erinnern, viel geweint zu haben, zu niemandem sprach ich von den tiefen Gefühlen, die ich empfand... Schweigend schaute und hörte ich zu... Niemand hatte Zeit, sich um mich zu kümmern. Dann sah ich vieles, was man vor mir gerne versteckt hätte. Einmal stand ich plötzlich vor dem Sargdeckel... Lange verweilte ich in seiner Betrachtung, ich hatte noch nie zuvor einen gesehen, und doch begriff ich..." (Ms A 12v). Am Tag darauf, dem Tag des Begräbnisses, wählt Therese Pauline zu ihrer neuen Mutter.

Traurige, glückliche Jahre in den Buissonnets

Vor dem Tod hatte Zélie Martin ihre Familie Isidore Guérin, ihrem Bruder, und dessen Familie in Lisieux ans Herz gelegt, der auch zum Nebenvormund der fünf minderjährigen Kinder wird. Und so zieht Vater Martin mit seinen Töchtern 10 Wochen nach dem Heimgang Zélies nach Lisieux um, in das ihnen bald so teure Heim der Buissonnets. In diesem „entzückenden Haus“ (LD 10/9/1877) aus Backstein mit einem hübschen Garten und einer großen Mauer ringsum („Das Haus kann von keiner Seite aus eingesehen werden, und man selbst sieht auch nicht den Weg davor, nur ein wunderbares Panorama der Stadt... In einem so hübschen Anwesen vergisst man den Pavillon und alle Attraktionen von Alençon“, ebd.) wird Therese elf Jahre ihres Lebens verbringen. Es sind elf Jahre, die aus einem kleinen Kind jenes junge Mädchen mit dem „Lauf eines Riesen“ (Ms A 44v) machen werden, das sich bis zum 9. April 1888 den Weg in den Karmel ihrer neuen Heimatstadt erkämpfen wird. Niemand könnte einen innigeren Rückblick auf Thereses erste vier Lebensjahre in Alençon geben, als sie selbst es tut: „Der liebe Gott hat mir die Gnade erwiesen, meinen Geist so frühzeitig zu öffnen und die Kindheitserinnerungen so tief in mein Gedächtnis einzuprägen, dass mir die Dinge, von denen ich gleich berichte, vorkommen, als hätten sie sich gestern erst zugetragen. Sicher wollte Jesus mich in seiner Liebe die unvergleichliche Mutter kennen lernen lassen, die Er mir gegeben hatte, die seine Göttliche Hand jedoch so rasch im Himmel krönen wollte!... Mein ganzes Leben lang wollte der liebe Gott mich mit Liebe umgeben. Meine frühesten Erinnerungen sind geprägt von Lächeln und den zärtlichsten Erweisen von Liebe!... Doch wenn Er neben mich viel Liebe gestellt hatte, so hat Er sie auch in mein kleines Herz gelegt, indem er es liebesfähig und feinfühlig bildete. So liebte ich Papa und Mama sehr und erwies ihnen meine

Zärtlichkeit auf tausenderlei Weise, war ich doch sehr offenherzig" (Ms A 4v).

Im Bild von der Schaukel gesprochen, waren diese ersten Lebensjahre für die Kleine wie der Aufschwung der Schaukel. Aus dem Säugling, der schon für verloren gehalten worden war, ist ein überaus intelligentes, charmantes, manchmal auch eigensinniges, tief frommes und ganz liebenswertes Mädchen geworden. Therese selbst hat diese Zeit ungetrübten Glücks als den ersten von drei Abschnitten der 15 Jahre im Schoß der Familie bezeichnet.

Nun beginnt der zweite Lebensabschnitt in Lisieux, und er erstreckt sich bis zu jener wunderbaren Weihnachtsnacht 1886, die Therese als den Augenblick ihrer vollständigen Bekehrung erlebte. Bekehrung wovon? War sie nicht weiterhin vorbildlich und fromm? Ganz ohne Frage. Doch der Verlust ihrer Mutter und einige weitere schmerzliche Widerfahrnisse, vor allem aber ihre Fremdheit in der gewöhnlichen Welt, wie sie sie seit ihrem achten Lebensjahr in der Schule an sich feststellen musste, machten sie hypersensibel: „Ich war durch meine übergroße Empfindlichkeit wirklich unerträglich. Wenn es mir so passierte, unabsichtlich jemandem, den ich liebte, einen kleinen Ärger zu machen, weinte ich wie eine Magdalena, anstatt mich zu beherrschen und nicht zu weinen, und das machte meinen Fehler nur größer statt kleiner. Wenn ich dann aber begann, über die Sache an sich wieder getröstet zu sein, weinte ich darüber, geweint zu haben... Alles Argumentieren war vergebens, und mir gelang es nicht, diesen hässlichen Fehler abzulegen" (Ms A 44v). So wird ihre Schaukel in diesen Jahren also wieder von der Anziehungskraft nach unten gezogen, ja es kommen Tage schwerer Krankheit und Not, da sie den Eindruck hat, ins Nichts zu fallen.

Was geschah nun in diesem zweiten Teil ihres Lebens? Zunächst fügte sich äußerlich gesehen alles bestens. Die Familie ist um ihren „Patriarchen" Louis Martin vereint, der sie „mit einer wahrhaft mütterlichen Liebe" umgibt

(Ms A 13r). Er lebt schon seit einigen Jahren im Ruhestand und kann sich ungeteilt seiner Familie widmen. Das Familienleben kennt feste Abläufe und ist durch und durch vom Glauben geprägt. Therese hat uns auf vielen Seiten der „Geschichte einer Seele" unvergessliche Episoden dieses „ruhigen und glücklichen" Lebens (Ms A 22r) beschrieben. Marie, die schon 1875 ihre Schulzeit im Pensionat von Le Mans beendet hat, führt den Haushalt, sieben Jahre lang unterstützt von Victoire Pasquier, einer Hausangestellten. Seit dem Tod der Mutter ist auch Pauline wieder zuhause und wird zur zweiten Mutter und Erzieherin Thereses. Hauptsächlich sie ist es auch, die ihr und Céline Privatunterricht erteilt. Etwas verloren dazwischen steht nur Léonie, die dritte Tochter (1863–1941), deren eigenwilliger Charakter die größte Sorge noch der letzten Lebensmonate ihrer Mutter war. Eine Rebellin in ihr zu sehen würde freilich weit über das Ziel hinausschießen. Was damals als problematisch galt, wäre heute sicher allenfalls als außergewöhnlich brav aufgefallen... Nicht zu vergessen ist schließlich ab 1884 der Hund Tom, ein Spaniel, der über Jahre hinweg das Familienleben bereichert und der später einmal in die Klausur der Karmelitinnen eindringt und dort Therese erkennt (CG 484), Thereses Hänfling seit Sommer 1885 (Ms A 53r und CG 203) sowie im Garten Hühner, Enten und Vögel in einem Vogelhaus. (Eine Elster, das Geschenk des Vaters an seine achtjährige Jüngste, wird von dieser zunächst stundenlang bestaunt, und sie lehrt sie sprechen. Doch weil sie die Knöpfe der Stiefel stiehlt, Therese und Céline in den Waden beißt und sie im Garten ständig mit Rufen „Therese, Therese" verfolgt, so dass sie sich mit Stöcken wehren müssen, hält sich die Trauer in Grenzen, als sie sich eines Tages in einem Kübel selbst ertränkt. [CG 126f.])

Enge Verbindungen entwickeln sich mit den Guérins, auch wenn Onkel Isidore ihr etwas Angst einflößt (vgl. Ms A 13v). Seine Frau Elisa-Emilie-Céline wacht mit mütterlichem Blick über ihre Nichten, und ihre beiden Töchter

Jeanne (1868–1938) und Marie (1870–1905) stehen durch Alter und Anlagen den beiden jüngsten Martins nahe. Ein wichtiges Element bildet die Kathedrale Saint-Pierre, die für die Martins bald wichtiger wird als ihre Pfarrei Saint-Jacques und wohin die Familie regelmäßig pilgert. Im rechten Kapellenkranz um den Chor dieses gotischen Juwels hat sie einen Platz gemietet, den sie nur verlässt, um die Predigt von der Kanzel im Hauptschiff anzuhören. Man pflegt freundschaftlichen Umgang mit der Geistlichkeit, was sich etwa darin zeigt, dass der Vater zwei große Pilgerreisen nach Rom und ins Heilige Land zusammen mit einem Kaplan unternimmt. Schließlich sind alle auch wie selbstverständlich in das gesellschaftliche Leben der kleinen Stadt integriert: Man besucht sich, nimmt an Festlichkeiten teil, feiert das Jubiläum von Jeanne d'Arc mit und schreibt sich in verschiedene katholische Vereinigungen ein, ob den Chor oder den „Cercle catholique". Unvergesslich sind auch Ferienaufenthalte zusammen mit den Guérins an der See in Trouville oder auf dem Schloss La Musse.

Was geschah in diesen Jahren von Lisieux mit Therese? Die ersten vier Jahre wirken noch wie eine Fortsetzung des Lebens in Alençon. Sie ist vollkommen eingebettet in den Schoß ihrer Familie, und auch wenn sie das Haus verlässt, ist sie geschützt und umhegt. Nirgendwo wird das so deutlich wie bei ihrem Kirchgang: Sie war „ganz froh, die Hand ihres Königs zu ergreifen, der sie an diesem Tag noch liebevoller als normalerweise umarmte. Dann brach die ganze Familie zur Messe auf. Auf dem ganzen Weg und selbst in der Kirche gab ‚Papas kleine Königin' ihm die Hand. Ihr Platz war an seiner Seite, und wenn wir zur Predigt ins Hauptschiff wechseln mussten, mussten wir immer noch zwei Stühle nebeneinander finden. Das war nicht weiter schwer. Sichtlich fanden alle es reizend, einen so schönen alten Mann zusammen mit einem so kleinen Mädchen zu erblicken, so dass die Leute sich anderswohin setzten, um uns ihren Platz anzubieten" (Ms A 17r). Nur gegen Fremde erscheint sie ängstlicher und scheuer als früher (Ms A 13r). Ebenso bedeutsam sind die älteren Schwestern, vor allem die über alle Maßen geliebte Pauline. Sie ist ehrgeizig für ihre kleine Schülerin, aber auch einfühlsam, und darum tut Therese wie selbstverständlich alles, was sie ihr sagt. Aus ihrer Position als Jüngste erlebt sie gleichzeitig mit wachen Augen mit, was die Älteren prägt.

Nicht selten wird von Biographen für diese Zeit auch eine gewisse Einseitigkeit der dominant weiblichen Umgebung und der Weltabgeschiedenheit beklagt, die ganz dem die Einsamkeit liebenden Vater entsprach. Was die weibliche Umgebung angeht, so gilt dies heute ja von fast allen Kindern, die ihre ersten zehn Lebensjahre fast nur von Frauen umgeben sind. Und wenn man damit suggerieren möchte, dass die starke Hand fehlte, so soll man insbesondere Pauline nicht unterschätzen, vom Vater gerne auch in der männlichen Form „Paulin" genannt, die nicht die kleinste Schlamperei oder Fehlhaltung durchgehen lässt. Einsamkeit aber, gerne für sich allein sein wollen, das entsprach Thereses eigenem Naturell vollkommen. Es gibt keinerlei Anzeichen, dass ihr etwas gefehlt habe, und eine eigentliche Last war nur später ihre Einsamkeit inmitten der Menge, die sie in der Schule erlebte.

Einige große Ereignisse prägen diese vier Jahre bis zu ihrem Schuleintritt. Religiös von besonderer Bedeutung waren dabei vor allem drei. Im Winter 1879/1880 beichtet Therese zum ersten Mal. Sie erinnert sich gegenüber Pauline: „Meine liebe Mutter, mit wieviel Sorgfalt haben Sie mich nicht darauf vorbereitet! Sie sagten mir, dass ich meine Sünden nicht einem Menschen, sondern dem Lieben Gott sagen würde. Davon war ich wirklich fest überzeugt, und so legte ich meine Beichte mit einem tiefen Glauben ab. Ich fragte Sie sogar, ob ich Monsieur Ducellier nicht sagen müsse, dass ich ihn von ganzem Herzen liebe, weil ich ja durch seine Person zum Lieben Gott sprechen würde...

Ich wusste genauestens Bescheid über alles, was ich zu sagen und zu tun hatte. So trat ich in den Beichtstuhl und kniete nieder. Doch als Monsieur Ducellier die Klappe zum Beichtgitter öffnete, erblickte er niemanden. Ich war so klein, dass mein Kopf sich unterhalb der Armstütze befand, und so sagte er mir, ich solle mich stellen. Ich stand sofort gehorsam auf, drehte mich ihm ganz zu, um ihn gut zu sehen, beichtete wie ein *großes Mädchen* und empfing seinen Segen *voller Andacht*, denn Sie hatten mir gesagt, dass in diesem Augenblick die *Tränen* des *kleinen Jesus* meine Seele reinigen würden. Ich weiß noch, der erste Beichtzuspruch für mich lud mich zur Verehrung der Allerseligsten Jungfrau ein, und ich nahm mir fest vor, meine Liebe zu ihr zu verdoppeln. Beim Verlassen des Beichtstuhls war ich so glücklich und leichten Herzens, dass ich niemals zuvor so viel Freude in der Seele empfunden hatte. Seitdem beichtete ich zu allen großen Festen, und jedes Mal war es ein wirkliches *Fest* für mich" (Ms 16v–17r).

Dabei muss man wissen, dass damals das Erstkommunionalter bei mindestens elf Jahren lag, die Kinder aber schon wesentlich früher zur Beichte gingen. Häufig war es Praxis, diese in den ersten Jahren noch nicht sakramental zu absolvieren, sondern ihnen nur einen Segen zu geben, so wie man es auch bei Erwachsenen hielt, die nicht absolviert werden konnten oder brauchten. Therese, die alles richtig machen möchte und deren Gewissen bereits bis aufs äußerste fein ausgebildet ist, fühlt sich nach der Beichte „froh und leicht" wie niemals zuvor (Ms A 16v).

Am 13. Mai 1880 begeht Céline ihre Erstkommunion. Therese nimmt daran mit einer so innigen Anteilnahme teil, dass sie diese wie ihre eigene Erstkommunion erlebt: „Der Tag der Ersten Kommunion Célines machte auf mich einen Eindruck, der dem bei meiner eigenen gleichkam. Als ich morgens im großen Bett ganz allein aufwachte, fühlte ich mich von *Freude überströmt*. ‚Es ist heute!... Der große Tag ist gekommen ...', diese Worte wieder und wieder zu sagen wurde ich nicht müde. Mir war, als würde ich selbst meine Erste Kommunion halten. Ich glaube, an jenem Tag habe ich große Gnaden empfangen, und für mich ist er einer der schönsten meines Lebens…" (Ms A 25rv).

In diesen ersten Jahren in den Buissonnets existierte durchaus ein dunkler Untergrund in ihrem Herzen, aber er bleibt hinter dem umhegten Leben der Kleinsten in der Familie verborgen. Nur ein einziges Mal, im Sommer 1879 oder 1880, bricht er sich Bahn, nämlich in einer geheimnisvollen Vision ihres Vaters im Garten als Schmerzensmann: „Papa war seit einigen Tagen verreist und, und bis zu seiner Rückkehr fehlten noch zwei Tage. Es mag um zwei oder drei Uhr Nachmittag gewesen sein. Die Sonne strahlte hell, und die ganze Natur hatte einen Festtag. Ich befand mich allein am Fenster einer Mansarde, das auf den großen Garten hinausschaute. Ich schaute vor mich hin, den Kopf voll mit heiteren Gedanken. Da erblickte ich vor dem Waschhaus direkt gegenüber einen Mann, der ganz wie Papa gekleidet war. Er hatte dieselbe Größe und denselben Gang, nur war er *viel mehr gebeugt* … Sein *Kopf* war mit einer Art Schürze von unbestimmter Farbe bedeckt, so dass ich sein Gesicht nicht sehen konnte. Er trug einen Hut, in der Art, wie Papa sie hatte. Mit einem gleichmäßigen Schritt sah ich ihn näherkommen, meinen kleinen Garten entlang … Im gleichen Augenblick erfasste ein übernatürlicher Schauer meine Seele, doch im nächsten Moment dachte ich, natürlich sei Papa heimgekommen und er verstecke sich nur, um mich zu überraschen. Da rief ich ihn ganz laut, die Stimme zitternd vor Erregung: ‚Papa, Papa!...' Doch die geheimnisvolle Gestalt schien mich nicht zu hören und setzte ihren gleichmäßigen Schritt fort, ohne sich auch nur umzudrehen. Ich folgte ihr mit den Augen und sah, dass sie auf das Wäldchen zuging, das die große Allee in zwei Teile schnitt. Ich erwartete, er werde auf der anderen Seite der großen Bäume wieder auftauchen, aber die prophetische Vision war verschwunden!... Das Ganze dauerte nur einen Augenblick, prägte sich aber so tief in mein Herz ein, dass mir heute, 15 Jahre später … die Erinnerung daran so gegenwärtig ist, als stünde die Vision mir noch vor Augen…“ (Ms A 19v–20r).

War es eine eigentliche Vision im übernatürlichen Sinn, oder ist dieser Eindruck ihrer lebhaften Einbildungskraft zu verdanken? Für ersteres spricht auf jeden Fall, dass sie selbst in kleinen Details dem entspricht, wie der Vater Jahre später infolge seiner geistigen Umnachtung erschien: gebeugt, mit steinaltem Aussehen und verhülltem Haupt. Doch solche Einbrüche der Kreuzesseite des Lebens bleiben die Ausnahme. Beherrschend ist ihre Geborgenheit im Schoß der Familie, ihr warmes Wesen, zahllose Kinderfreuden und ihre Liebe zur Schöpfung, zu Blumen, Vögeln und dem faszinierenden Meer, das sie im Urlaub entdeckt. In den Biographien wird dagegen eher am Rande erwähnt, dass Therese in diesen Jahren täglich zuhause Unterricht erhält, nachdem sie in den voraufgegangenen Jahren bereits viel von Célines Unterricht profitiert hat, als sie still dabeisaß und wie nebenbei vieles in sich aufnahm. Nicht zuletzt dank ihres ausgezeichneten Gedächtnisses und ihrer großen Lerndisziplin macht sie geistig bald große Fortschritte.

So muss man den eigentlichen Einbruch von Traurigkeit in ihrem zweiten Lebensabschnitt weniger mit dem Tod der Mutter und dem Umzug nach Lisieux in Verbindung bringen als mit ihrem Eintritt in die Schule der Benediktinerinnen der Stadt. Zum Schuljahresbeginn am 3. Oktober 1881 wurde sie als Halb-Pensionärin bzw. Externe aufgenommen, und sie blieb dort Schülerin bis zum März 1886: „Ich war achteinhalb Jahre alt, als Léonie das Pensionat verließ und ich ihren Platz in der Abteischule einnahm. Oft habe ich gehört, die Zeit im Pensionat sei die schönste und angenehmste des ganzen Lebens. Bei mir war das nicht so. Die fünf Jahre, die ich dort verbrachte, waren die traurigsten meines Lebens. Wenn ich nicht meine liebe Céline bei mir gehabt hätte, hätte ich es keinen einzigen Monat dort ausgehalten, ohne krank zu werden... Die arme kleine Blume war daran gewöhnt gewesen, ihre zarten Wurzeln in ein *auserwähltes Erdreich* zu senken, das eigens für sie geschaffen worden war. Darum kam es ihr sehr hart vor, sich inmitten von Blumen aller Art wiederzufinden, deren Wurzeln oft recht derb waren, und darauf angewiesen zu sein, seinen notwendigen Lebenssaft in einem *gewöhnlichem Erdreich* zu finden!... " (Ms A 22r).

Dank des ausgezeichneten Hausunterrichtes wird sie sofort in die grüne, d. h., die vierte Klasse, eingestuft. Später überspringt sie eine Klasse. Was ist es, das ihr Leben als Schülerin so schwer machte? Gewiss nicht der Unterricht selbst, bei dem sie (außer in Rechnen und Rechtschreibung) einen Erfolg nach dem anderen erringt. Gewiss nicht die Lehrerinnen, besonders die Benediktinerinnen, deren unbestrittener Liebling sie meistens ist. Es ist vielmehr das Miteinander mit Schülerinnen, die meist gröber, lautstärker, und... deutlich weniger begabt waren. Einzelne lassen sie für ihre guten Noten teuer bezahlen, sie machen giftige Bemerkungen, schneiden sie oder verfolgen sie mit Eifersucht. Umgekehrt fällt es Therese schwer, sich für die Spiele der anderen zu begeistern, etwa für Fangen. Kurz, sie fühlt sich rundum fremd und unwohl unter ihren Kameradinnen, und schließlich scheitert ein zaghafter Versuch einer Freundschaft an der Gleichgültigkeit des Mädchens, das nach den Schulferien so tut, als kenne es Therese nicht. Sehr aussagekräftig ist die Skizze einer alten Lehrerin: „Sie ist gehorsam und von einer minutiösen Treue gegenüber den geringsten Punkten der Schulordnung; sie beunruhigt sich selbst wegen eines scheinbaren Fehlers, so daß sie mitunter den Eindruck macht, skrupulös zu sein. Für gewöhnlich ist sie still und friedlich, gesammelt (allzu sehr für ihr Alter würde man im allgemeinen finden); manchmal war sie wie in Gedanken vertieft; es lag etwas wie ein wenig Traurigkeit in ihren Zügen." Solange Céline noch mit ihr zur Schule geht, hat sie in ihr eine Beschützerin bei sich. Aber als deren Schulzeit beendet ist, ist auch für die Jüngste der Martins kein Bleiben mehr; ihre Bildung wird durch den Hausunterricht bei Madame Papineau abgeschlossen werden.

Die Biographen geben einen Teil der Schuld an dieser verunglückten Schulzeit den besagten „Einseitigkeiten" im Hause Martin: zu viel Einsamkeit und zu wenig männliche Durchsetzungskraft. Das ist naheliegend, aber sehr wahrscheinlich falsch, wie nun in einem kleinen Exkurs zu klären sein wird. Denn Therese durchlebte vielmehr das „Drama des begabten Kindes".

Das „Drama des begabten Kindes"

An dieser Stelle soll der chronologische Gang kurz unterbrochen werden, um einem wenig bekannten Zug ihrer Persönlichkeit auf die Spur zu kommen. Zweifellos war Therese in ihrer Kindheit über Jahre hinweg sehr sensibel. Später, so wird sich zeigen, neigte ihr empfindsames Gewissen zu Selbstzweifeln und Skrupulosität. Es ist nicht ausgeschlossen, dass noch die schweren Anfechtungen gegen den Glauben in ihren letzten 18 Lebensmonaten von einer untergründigen Skrupulosität ausgelöst wurden. Manche Biographen gehen sogar so weit, auch den Ausbruch der Tuberkulose psychosomatisch auf eine jahrelange enorme seelische Anspannung zurückzuführen. Doch das sind bloße Spekulationen. Was waren die Ursachen für diese Labilität? Sie selbst sah sie einfach als Prüfungen an, die teils in einer persönlichen Schwäche, teils in Angriffen des Versuchers begründet waren. Auffällig ist, dass Thereses Umfeld, aber auch Priester und Ärzte in den Momenten akuter Krisen Thereses sehr zurückhaltend mit Diagnosen sind. In bemerkenswerter Bescheidenheit sagen sie schlicht: Wir wissen es nicht. Moderne Thereseforscher haben sich damit nicht begnügt, sondern weitergebohrt, nicht zuletzt mittels psychologischer Vermutungen, wie noch darzustellen sein wird.

Doch all diese Vermutungen werfen mehr Fragen auf, als sie beantworten. Es wurde jedoch eine bestimmte Antwort auf sie noch niemals gegeben, und sie ist doch naheliegend: In Thereses Verhalten zeigen sich alle Anzeichen eines „Dramas des begabten Kindes" (Alice Miller). Sie war geistig äußerst intelligent, besaß eine blitzschnelle Auffassungsgabe und eine phänomenale Fähigkeit zur Einfühlung und eignete sich neue Kenntnisse und Fertigkeiten im Rekordtempo an. Nun gehört das Bild Thereses als „Intelligenzbestie" – schon dieser schreckliche Ausdruck zeigt die Verunsicherung von Menschen gegenüber einem hochbegabten Kind! – nicht gerade zu den weit verbreiteten. Kein Wunder, denn ganz typisch für viele hochbegabte Mädchen war und ist es ja, dass es ihnen viel wichtiger ist, zu anderen dazuzugehören, geliebt und geborgen zu sein. Daneben lassen sie nur gelegentlich ihre außergewöhnlichen Fähigkeiten hervorblitzen, so als wären diese nur ein Scherz. Gleichzeitig aber haben sie einen hohen Preis für ihre Gaben zu zahlen: die Verunsicherung darüber, nicht so zu sein wie alle anderen. Sie kann selbst zu Verhaltensauffälligkeiten und Persönlichkeitsstörungen führen.

Wie lässt sich die Behauptung der Hochbegabung Thereses belegen? Der bekannte Thereseforscher Guy Gaucher fasst den Eindruck, den sie auf andere in ihren ersten Lebensjahren macht, gut zusammen: „Unter ihren blonden Locken und mit ihren blauen Augen zeigt die Kleine eine frühreife Intelligenz. ‚Sie ist sehr weit für ihr Alter', schreibt ihre Mutter. Marie überbietet sie noch: ‚Sie besitzt wirklich eine unglaubliche Begabung; [...] ich glaube, sie wird in einem halben Jahr fließend lesen können.' Sie zählt noch keine drei Jahre und beherrscht schon das Alphabet; sie macht eine richtige Szene, um an den Unterrichtsstunden teilnehmen zu können, die Pauline für Celine gibt, die um dreieinhalb Jahre älter ist. ‚Sie gibt für ihr Alter ganz überraschende Antworten.' Wie in allen Familien sammelt man ihre kindlichen Aussprüche. ‚Nur nicht sich in den Kopf setzen, Papa nehme uns alle Tage mit zum Pavillon', sagt sie zu ihren Schwestern mit einem unwiderstehlichen Mienenspiel. Sie besitzt eine scharfe Beobachtungsgabe und, ‚ohne sich etwas anmerken zu lassen', nimmt sie alles auf. ‚Ihre kleine Vorstellungskraft arbeitet ununterbrochen. Sie reflektiert viel; sie denkt. [...] Ihr gutes Gedächtnis erlaubt ihr sehr bald, kleine Fabeln aufzusagen. Mit Leichtigkeit imitiert sie die Personen, mit denen sie zusammengetroffen ist. Man muß sie zum Schweigen bringen, wenn sie den Gärtner nachahmt, wenn dieser erklärt, daß seine verstorbene Frau bei Nacht kommt und ihm ‚Kummer macht'."[5] Später erweisen sie auch ihre kleinen Zeichnungen als eine minutiöse Beobachterin, so wenn sie in den Ferien genauestens jedes Detail eines Bauernhofes festhält.

Erstaunlich ist es, wie leicht sie beim Hausunterricht Célines mitlernt. „Man sieht, wie ihre kleine Vorstellungskraft unablässig arbeitet", meint Marie (LD 9/5/1877). Überhaupt fällt auf, dass ihr Geist sich am besten in informellem, entdeckendem Lernen entfaltet, während das formelle Lernen ihr gelegentlich schwer fällt – auch dies typisch für Hochbegabte: Im Geschichtsunterricht und der sprachlichen Stilbildung (also dem lebendigen Verfassen von Aufsätzen, Briefen und Gedichten) war sie am besten, doch Grammatik und Rechtschreibung – also die Anwendung von vorgegebenen Regeln – blieben ihr ganzes Leben ein gewisser Schwachpunkt, und für das Auswendiglernen des Katechismus musste sie sich mehr Zeit erbitten: „Mit Leichtigkeit behielt ich die Bedeutung dessen, was ich lernte. Etwas wörtlich auswendig zu lernen fiel mir dagegen schwer. Infolgedessen bat ich im Jahr vor meiner Erstkommunion fast täglich um die Erlaubnis, den

[5] Guy Gaucher, Chronik eines Lebens, Leutesdorf 1987, 27f.

Katechismus während der Pausen lernen zu dürfen" (Ms A 37rv).

So kommt es zu dem für außergewöhnlich Begabte häufigen Ergebnis, dass ihre Begabung von den einen erkannt, von den anderen dagegen aufgrund von Schüchternheit und unsicherem und darum linkischem Auftreten völlig ignoriert wird: „Bei meinen schulischen Leistungen hatte ich sehr guten Erfolg. Fast immer war ich die Beste. Meine größten Erfolge lagen in Geschichte und Stilübungen. Alle meine Lehrerinnen sahen mich als eine sehr begabte Schülerin an. Bei meinem Onkel war das keineswegs der Fall. Dort galt ich als kleines Dummchen, lieb und sanft, mit gutem Urteilsvermögen, ansonsten aber unfähig und linkisch … Dass mein Onkel und meine Tante mich so einschätzten und sicher immer noch einschätzen, wundert mich nicht. Ich redete ja fast nichts, war ich doch sehr schüchtern. Beim Schreiben waren mein unleserliches Gekritzel und meine Rechtschreibung, die nichts weniger als die übliche war, kaum dazu angetan, für mich *einzunehmen*... " (Ms A 37v). Später wird sie aber zumindest die Tante doch damit verblüffen, dass man ihr eine beliebige Stelle der „Nachfolge Christi" nennen kann, und sie ist imstande, diese aus dem Gedächtnis zu rezitieren (vgl. Ms A 47r).

Sie ist also am besten, wenn sie in Ruhe gelassen wird und sich auf alles selber einen Reim machen kann. Das erklärt auch, warum sie spontan das laute Miteinander der Mitschülerinnen meidet und sich später in den Pausen einfach in die Kapelle zurückzieht, um Betrachtung zu halten. Und wie so oft trifft die Eigenart eines hochbegabten Kindes bei Lehrern und Erziehern auf wenig Verständnis. Durch ihr Erzähltalent gelingt es Therese in den Schulpausen, einige Mitschülerinnen um sich zu scharen und zu begeistern. Aber dieser Erfolg, der vielleicht der Anfang eines gesicherten Platzes unter den anderen gewesen wäre, wird ihr rasch wieder genommen: „Außerdem erfand ich gerne Geschichten, die ich gerade so erzählte, wie sie mir nach und nach in den Sinn kamen. Meine Kameradinnen umringten mich dann begierig, und manchmal mischten sich große Schülerinnen unter die Schar der Zuhörer. Dieselbe Geschichte dauerte mehrere Tage, denn ich fand Gefallen daran, sie immer interessanter zu machen, je mehr ich den Eindruck wahrnahm, den sie hervorrief und der sich auf den Gesichtern meiner Kameradinnen spiegelte. Bald aber verbot die Erzieherin mir, weiter meiner *Redner*beschäftigung nachzugehen, weil sie sehen wollte, dass sich unsere *Beine bewegten,* nicht der *Mund...*" (Ms A 37r).

Bei der hl. Messe verzichtet sie als Schülerin auf das Beten von Messandachten, wie es ihre Lehrerinnen verlangen, nicht weil sie diese Andachten unbrauchbar findet, sondern wohl einfach weil ihr Geist durch das bloße Lesen unterfordert ist: „Für gewöhnlich verlangt man von den Mädchen, den verschiedenen Abschnitten der Messe zu folgen, indem sie sie in ihrem Buch verfolgen. Von Therese verlangte man es ebenso wie von den anderen. Aber das liebe Kind tat es nicht. Als sie darauf hingewiesen wurde, was sie lesen sollte, dankte sie mit einem bezaubernden Lächeln, senkte ihre Augen für einige Sekunden auf das Buch, hob den Kopf aber bald wieder empor, als wenn sie zerstreut gewesen wäre. Aber nein, bestimmt war sie nicht zerstreut. Sie verrichtete ein viel besseres Gebet als das ihrer Klassenkameradinnen, indem sie sich dem beschaulichen Gebet widmete..." (PO 532). Ebenfalls versteht man besser, warum sie als Ordensschwester nicht gerne mit Hilfe ausformulierter Betrachtungsbücher ihre beiden Stunden innerlichen Gebetes hielt. Sie lehnt diese nicht grundsätzlich ab, aber es fällt ihr schwer, vorgelegte Gedanken sich nur einfach anzueignen: „Später aber ließen alle Bücher mich trocken, und noch jetzt befinde ich mich in diesem Zustand. Wenn ich das Buch eines geistlichen Autors öffne (selbst das schönste, anrührendste), fühle ich sofort, wie sich mein Herz zusammenschnürt. Dann lese ich gewissermaßen ohne zu verstehen, oder wenn ich verstehe, dann bleibt mein Geist dabei stehen ohne betrachten zu können... In dieser Unfähigkeit kommen mir die Heilige Schrift und die ‚Nachfolge Christi' zu Hilfe. In ihnen finde ich eine feste und ganz *reine* Nahrung. Vor allem das *Evangelium* aber spricht in meiner Betrachtung zu mir. In ihm finde ich alles, was meine arme kleine Seele nötig hat. In ihm stoße ich ständig auf neue Erleuchtungen und verborgene und geheimnisvolle Bedeutungen... " (Ms A 83rv).

Gerade beiläufige Bemerkungen sind oft sehr sprechend. So fragt sie sich in einem Ferienbrief, wie es ihrer Kusine Marie Guérin wohl geht, ob sie gut geschlafen hat und noch Zahnweh empfindet, und schreibt dann ganz typisch für jemanden, der gewohnt ist, sich über alles eigene Gedanken zu machen: „Meine liebe kleine Marie, das sind die ganzen Fragen, die ich mir heute Morgen stelle, aber ach, niemand kann sie mir beantworten, und ich bin gezwungen, die Antworten selbst herauszufinden. Doch ich tue es zu meinen Gunsten und sehe, wie es dir schon viel besser geht" (LT 23).

Überhaupt die Schulzeit! Für viele Hochbegabte und eben auch für Therese stellt sie eine Leidenszeit dar. Man muss festhalten, dass sie vom ersten Tag an mit Leichtigkeit zu den Klassenbesten gehörte und in ihrem zweiten Schuljahr sogar eine Klasse übersprang, so dass sie größtenteils mit wesentlich Älteren zusammen war und dennoch weiterhin von Erfolg zu Erfolg eilte. Doch sie war anders als die anderen, das bekam sie handfest zu spüren, z. B. durch eine ältere Klassenkameradin, die sie ihre guten Noten und Auszeichnungen „auf tausenderlei Weise" bezahlen ließ (Ms A 22v). Auch dürfen die meisten in der Klasse bereits zur Kommunion gehen, während sie noch ein Jahr warten muss. Vor allem nach ihrer seelischen Befreiung von Weihnachten 1886 erfasste sie ein außerordentlicher Wissensdurst: „Von seinen Skrupeln und von seiner extremen Empfindlichkeit befreit, entwickelte sich mein Geist. Immer schon hatte ich das Große, das Schöne geliebt. Zu jener Zeit aber wurde ich von einem unbändigen Wissensdurst ergriffen. Der Unterricht und die Aufgaben, die ich von meiner Lehrerin bekam, waren mir nicht genug. Für mich allein beschäftigte ich mich noch mit Geschichte und den Naturwissenschaften. Andere Fächer weckten nicht mein Interesse, diese beiden Bereiche aber fesselten meine ganze Aufmerksamkeit, und so eignete ich mir in wenigen Monaten mehr Kenntnisse an als während meiner ganzen bisherigen Schulzeit" (Ms A 46v).

In den späteren Jahren ihrer Kindheit und Jugend, ja auch ihres Karmellebens stößt man immer wieder auf die Tatsache, welche entscheidenden Anregungen sie aus Büchern erhalten hat. Von einem regelrechten Lesehunger erfasst, muss sie sich als 14-Jährige die Zeit für Bücher selber begrenzen (Ms A 46v). Mit ihrer Schwester Céline – „der Altersunterschied spielte keine Rolle mehr" (Ms A 47v)! – wird sie im Dachgeschoss ihres Hauses bei der Lektüre der Vorträge von Abbé Charles Arminjon über das Jenseits schon gleichsam ins Himmelslicht entrückt, und so wird ein Buch „eine der größten Gnaden meines Lebens" (Ms A 47v)!

Wiederum ist es kein Zufall, dass es sich dabei ausgerechnet um ein Erwachsenenbuch handelt. Ihr Vater hatte es von den Karmelitinnen geliehen erhalten, sie aber bat ihn darum, es lesen zu dürfen. Und wenn sie zusammen mit derselben Céline im Verlauf ihrer Romreise alle Absperrungen im Kolosseum überwindet – für Thereses phantasielose Reisegenossen ein bloßer Haufen Trümmer –, um in der Arena auf dem vom Blut der Märtyrer benetzten Boden zu knien (Ms A 60v–61r), dann ist das eine Reaktion auf ihre Lektüre des wunderbaren Buchs „Fabiola" des englischen Kardinals Wiseman über die römische Christenverfolgung. Die Tiefe, mit der sie im Alter von 18 Jahren im Karmel die Geisteswelt des hl. Johannes vom Kreuz entdeckte, ging weit über das Übliche hinaus. Seine Schriften sind nicht nur geistlich äußerst anspruchsvoll, sondern sie entfalten auch eine mystische Theologie, deren Verständnis geistig viel fordert und vor allem in geistlicher Hinsicht eine hohe Reife verlangt, um gute Frucht zu bringen. Ob gerade die Tatsache, in dieser Weise aufs Äußerste gefordert zu sein, die junge Therese am Anfang ihres Karmellebens so sehr für ihren Ordensvater eingenommen hat? Nicht ohne Grund macht sie ja das erstaunliche Bekenntnis: „Ach, wie viel Erleuchtung habe ich nicht aus den Werken unseres hl. Vaters Johannes vom Kreuz geschöpft!... Mit 17 und 18 Jahren hatte ich keine andere geistliche Nahrung" (Ms A 83r). Wenn sie später bei Betrachtung und Lesung am liebsten aus der Heiligen Schrift und besonders aus den Evangelien schöpft, ist das ein weiteres Anzeichen für einen Geist, der selbst tätig sein und entdecken will. Ein solches Vorgehen bewährte sich 1894 noch einmal. Céline brachte bei ihrem Eintritt in den Karmel ein Heft mit Abschriften aus der Heiligen Schrift mit. Begeistert studiert Therese es und findet in kurzen Passagen aus dem Alten Testament, die ihr bis dahin unbekannt waren, nichts weniger als die Bestätigung ihres kleinen Weges.

Sehr typisch für die überdurchschnittlich entwickelte Intelligenz ist das bohrende Nachfragen. Nichts kann sie einfach stehenlassen, auf nichts kann sie sich ohne weiteres verlassen. Einmal schenkt Pauline ihr ein mit einem Perlmuttstern verziertes Messer. „Ach, Pauline, so gern hast du mich also [...]? Aber wenn du mich doch so gern hast, würdest du sogar deine *Uhr* als Opfer hergeben, um mich vor dem *Tod* zu bewahren)," so fragt sie nach, und ihre Schwester gibt die beruhigende Antwort: „Ja, selbst damit du bald wieder gesund wirst" (Ms A 19r). Auch schwierige theologische Fragen stellt sie, etwa die nach dem Los der ungetauft gestorbenen Kinder (CG 150) oder nach dem ungleichen Lohn der Seligen (Ms A 19v).

Und später wird sie mit manchen mehr auf Schaueffekten beruhenden Predigten über die Mutter Gottes nichts anzufangen wissen. Ihre verständliche Devise lautet vielmehr: „Ich sage die Wahrheit unverkürzt. Man soll nicht zu mir kommen, wenn man sie nicht wissen will" (CJ 18.4.3). Die „Letzten Gespräche" in ihrer Krankheit sind voll von Zeugnissen, wie sie gängige unüberlegte oder bloß um der äußeren Wirkung dahergesagte Auffassungen korrigiert. Nichts nimmt sie einfach hin, nur weil die anderen es so sagen, und das ist bei einem so wohlwollenden, gehorsamen und bejahenden Charakter wie dem ihren mehr als erstaunlich. Die Erklärung ist nicht in einem verborgenen Widerspruchsgeist zu suchen, sondern viel einfacher in der Tatsache, dass sie nicht anders kann. Blitzschnell erkennt sie Schwächen in einer Meinung, und im gleichen Moment muss sie zu ergründen suchen, wie es denn wirklich ist. Eine solche Begabung macht Vertrauen in sich selbst, in andere, ja in die Wirklichkeit an sich zu einer beständigen Aufgabe und lässt verstehen, warum Vertrauen zu einem Schlüsselwort ihrer Frömmigkeit und ihres kleines Weges werden wird. Was für ein einfühlsames Geschenk war darum zu Weihnachten 1887 das Segelschiffchen, auf dessen Segel das Wort „abandon", also „Ergebung", steht. Und eine der befreiendsten Wirkungen ihres kleinen Weges für sie wird die Fähigkeit sein, sich nicht mehr ständig mit sich selbst, der eigenen Befindlichkeit, den Fehlern und der Wirkung auf andere („Ist Gott zufrieden mit mir?") beschäftigen zu müssen.

In dieser Last eines scharfen Geistes, der nichts einfach bestehen lassen kann, wäre auch die Hauptursache der Skrupulanz zu suchen. Diese ist ja fast immer ein Zeichen von Intelligenz, darum auch der Neigung – die in der Skrupulanz leider auch zwanghaft werden kann – , sich nicht zufriedenzugeben mit Beruhigungen und Versicherungen. So zeigen sich Angststörungen und Stimmungslabilitäten überdurchschnittlich häufig bei geistig sehr wachen Personen. Denn stets müssen sie nachbohren: Stimmt das wirklich? Steht das wirklich fest? „Dumme haben's einfacher," diese selbst vielleicht nicht sehr erleuchtete Redensart hat darin ihren wahren Kern.

Zugleich muss es doch auch auffallen, dass Therese überhaupt nichts dabei fand, mit 14 Jahren in den Karmel eintreten zu wollen. Zumindest halbbewusst muss ihr klar gewesen sein, dass sie keinen normalen Weg ging und dass sie darum auch mit anderen Maßstäben zu messen war als andere. Das war es, was natürlich der Superior des Karmels und erst recht Bischof und Papst nicht wissen konnten, was sie ihnen allen aber durch ihr außergewöhnlich zielstrebiges Verhalten unter Beweis stellte. Doch außergewöhnlich zu sein, aufzufallen, der Gegenstand von Gespräch und Bewunderung zu sein konnte für sie auch Anlass zu heftigsten Anfechtungen werden, etwa nachdem sie durch das Lächeln der Jungfrau Maria geheilt worden war und alle in ihr das Wunder-Kind erblickten. Auch die Mutter Gottes und die Heiligen sollen nach ihrem Wunsch gewöhnlich und nachahmbar dargestellt werden. Umgekehrt stellt es später einen wichtigen Angelpunkt ihrer Frömmigkeit dar, dass die Heiligkeit gerade keine außergewöhnlichen Taten verlangt, sondern dass sie das Gewöhnliche in außergewöhnlich guter Weise tut, und dieser Weg steht allen offen. Denn das Wesen der Heiligkeit besteht darin, den alten Adam abzulegen, d.h. die ständige Neigung zum Niedrigen, zur Sünde, und Christus wie ein neues Gewand anzuziehen (vgl. Röm 13,14). Darin gestaltet die Gnade Christi den Sünder, der die Selbstliebe über alles stellt, um zum Heiligen, der alles für die Gottes- und Nächstenliebe gibt. An dieser Umgestaltung mitzuwirken, das ist nie ein Spaziergang, es erfordert immer den Einsatz aller Kräfte. Nach Thereses kleinem Weg konzentriert sich alles auf dieses Wesen der Heiligkeit; ob man die Gelegenheit zu großen oder nur zu kleine Taten hat, ist demgegenüber nicht von Belang.

Ebenso darf Thereses Fähigkeit, Tonfall, Dialekt und Mimik fremder Leute nachzumachen, in diesem Zusammenhang nicht vergessen werden. Schon mit vier Jahren gibt sie mit der lustigsten Miene eine französische Redensart der Erwachsenen („ni son ni motte", was etwa so viel wie „überhaupt nichts" bedeutet) wieder (LD 9/5/1877). Noch im Karmel mussten die Mitschwestern in der Rekreation oft laut lachen, wenn sie das Französisch der italienischen Fremdenführer nachahmte. Auch ihr großes Erzähltalent, wie es in der „Geschichte einer Seele" so eindrucksvoll zur Geltung kommt, wäre ohne ihre feine Beobachtungsgabe undenkbar gewesen. Stilistisch beeindruckt in ihrem Werk die phänomenale Fähigkeit, die unterschiedlichsten Register zu ziehen, und dies immer genau ihrem Gegenstand und ihren Adressaten entsprechend. „Mystisch, komisch, alles gelingt ihr... Sie ist imstande, einen vor Frömmigkeit weinen zu lassen und einen dann auch wieder bei unseren Rekreationen in Lachen ausbrechen zu lassen," beschreibt sie Schwester Marie des Anges ganz treffend (CG 1176). Und gerade bei ihrem Stil ist es wiederum typisch, dass ihre Erzählbegabung, die doch Millionen Leser in ihren Bann gezogen hat, bis heute von den „Seriösen" ganz wie damals von Onkel Isidore Guérin vielfach unterschätzt wird; man tut ihre Sprache ab, als wäre sie tatsächlich jenes „kleine Dummchen, lieb und sanft, mit gutem Urteilsvermögen, ansonsten aber unfähig und linkisch... " (Ms A 37v), das der Onkel in ihr gesehen hatte.

Schließlich erklärt auch die Verunsicherung über sich selbst das starke Anlehnungs- und Sicherheitsbedürfnis eines hochbegabten Mädchens wie Therese. Typisch dafür bereits das erwähnte Verhalten des kleinen Mädchens, das Stufe um Stufe die Treppe im Haus herunterspringt und dabei jeweils „Mama!" ruft. Diese muss litaneiartig jedesmal antworten: „Ja, mein Töchterchen?" Sonst bleibt das Kind wie angewurzelt stehen. Diese Verunsicherung geht eigenartigerweise häufig einher mit einer unerschütterlichen Gewissheit bestimmter Einsichten – bei Therese insbesondere ihres „kleinen Weges" oder auch ihrer „Weihe an die barmherzige Liebe", die sie am liebsten sofort alle ihr nahestehenden Mitschwestern ebenfalls vollziehen lassen möchte.

All diese Indizien sprechen also eine unleugbare Sprache: Therese hat bei den Gaben der Natur einen außergewöhnlichen Geist erhalten, der sie in Wohl und Wehe bestimmt. Dass das auf der Hand Liegende dennoch weder von Thereses Umwelt – vielleicht Pauline ausgenommen! – noch von späteren Kennern ernst genommen wurde, hängt wohl einfach mit der sehr wirkungsvollen Erziehung Thereses zusammen. Die fromme Mädchenbildung ihrer Zeit warnte stets davor, Kinder besonders herauszustellen und zu loben, um sie nicht eingebildet und stolz zu machen. Auch lenkte sie die Zöglinge mehr zu den Herzenswerten hin, wie aus einem Antwortbrief von Schwester Marie-Aloysia Vallée, der Lehrerin Paulines, an die siebenjährige Therese hervorgeht: „Wie muss Ihre liebe Lehrerin [also Pauline] doch mit ihrer Schülerin zufrieden sein. Wenn aber auch die Fingerchen so geschickt arbeiten, und das auch noch *ganz allein,* so weiß doch auch das Herz so hübsche Dinge zu finden!“ (LC 1). Ganz ähnlich antwortet später Pauline aus dem Karmel auf einen Brief der 11-Jährigen: „Deinen Brief habe ich sehr gut geschrieben gefunden und darin das gute Herz meiner Therese erkannt“ (LC 19).

Therese von Lisieux, die Hochbegabte – was ist nun mit dieser Entdeckung für ihr Bild und geistliches Profil gewonnen? Zunächst werden dadurch einige andere Erklärungen für ihre seelische Labilität und ihre Verunsicherungen hinfällig, wie sie bis heute gerne vorgebracht werden. Natürlich hatte ihre religiöse Erziehung nichts Jansenistisches an sich, nichts allzu Strenges oder Zwanghaftes. Ihr Gottesbild war zu keinem Zeitpunkt dunkel oder „angstbesetzt“. Sie wurde auch in keine religiöse „Leistungsfrömmigkeit“ oder einen unguten „Moralismus“ hineingedrängt. All das sind moderne Projektionsfiguren, die ihr und ihrer Zeit in keinster Weise gerecht werden und die eher kaschieren, dass wir Heutigen mit unseren Laxismen der anspruchsvollen Frömmigkeit in Thereses Welt kaum mehr gewachsen sind. Einfacher gesagt: Dem Fuchs sind jene Trauben immer sauer, die er nicht erreicht. Ebensowenig können die vielen psychologischen Erklärungen befriedigen, die sich (oft ohne jede fachpsychologische Qualifikation!) in Ferndiagnosen über ein Mädchen eines früheren Jahrhunderts üben. Das wäre so, als wollte man aus ihrer Handschrift beweisen, was es jeweils zu essen gab. Schließlich erweist sich allein schon die Voraussetzung als falsch. Da wird stillschweigend davon ausgegangen, dass, wenn jemand in eine psychische oder psychosomatische Krise gerät, die Umwelt etwas verkehrt gemacht hat. Verantwortliche Psychotherapeuten würden dies pseudowissenschaftlich nennen. Nein, gerade bei den Anlagen Thereses waren Krisen unvermeidlich, denn sie waren der Preis ihrer Begabung. Die Kraft der Gnade und ihr lebendiges Wehen aber zeigt sich darin, dass es Therese gelungen ist, alle Anfechtungen zu bestehen und gestärkt und in bewundernswerter Reife daraus hervorzugehen.

Ereignisse und Entwicklungen in der Schulzeit

Noch zusätzlich zur belastenden Schulzeit erschüttern verschiedene Dramen Thereses Kindheit zwischen 1881 und 1886. Das Einschneidendste ist der Eintritt Paulines in den Karmel von Lisieux am 2. Oktober 1882. Nach Thereses Einschulung war Pauline von der Pflicht, für Thereses Bildung zu sorgen, frei. Da Marie den Haushalt führte, war sie auch für das Leben der Familie nicht unentbehrlich. Sie ist zwanzig Jahre alt und den damaligen Gewohnheiten entsprechend längst im rechten Alter für eine Entscheidung. Dass Pauline in ein Kloster eintreten würde, stand schon seit vielen Jahren fest. Therese hatte damals die kindliche Idee ausgesprochen, von ihr mitgenommen zu werden, und war seitdem davon ausgegangen, dass Pauline auf sie warten würde. Auch war ja noch nichts bestimmt, was den Orden selbst anging.

Durch die Tante und ihre eigene Pensionatszeit hätten die Visitandinnen von Le Mans nahegelegen; Pauline selber hatte an den Karmel von Caen gedacht. Vielleicht hätte sich alles aber noch einige Zeit hingezogen, doch da vernimmt Pauline während einer Messe in der Pfarrkirche Saint-Jacques am 12. Januar 1882 innerlich ihre Berufung zur Karmelitin. Sofort erbittet sie die Zustimmung des Vaters und dann der Priorin und erhält sie problemlos. Auch alle Großen sind bald darüber im Bilde, nur Therese nicht. Da belauscht diese ein Gespräch ihrer beiden ältesten Schwestern, eiskalt überläuft es sie, und sie begreift die ganze Wahrheit: Es war „eine Prüfung, die weit über meine Kraft zu gehen schien" (Ms A 25v). „Ich begriff, dass sie nicht auf mich warten würde und dass ich im Begriff war, meine zweite Mutter zu verlieren. [...] Es war, als hätte sich mir ein Schwert ins Herz gebohrt" (Ms A 25v-26r). In Thereses weiterer Reaktion lassen sich deutlich zwei Ebenen unterscheiden: zum einen die tiefe Trauer, zum anderen aber übernatürlich die Gewissheit, selbst zum Karmel berufen zu sein, in diese „ferne Wüste" (Ms A 25v) – und zwar ausdrücklich nicht, um wieder bei der geliebten Schwester zu sein, sondern wegen der „Gewissheit eines göttlichen Rufes" (Ms A 26r).

Jesus allein ist es, der sie zieht. In diesem Augenblick des Kreuzes ist ihre eigentliche Berufung geboren! Damit verwirklicht sich an ihr das, was viele geistliche Lehrer über die Berufung sagen: Gefühlsmäßig kann es dunkel in einem Menschen aussehen, seine Natur kann von einer Situation überfordert sein, ja es kann selbst sein, dass die Berufung nicht Freude auslöst, sondern als Last wahrgenommen wird. Übernatürlich aber – und das bedeutet im höheren Seelenteil – kann sie unzweifelhaft gewiss sein und sich in einem tiefen Frieden äußern.

Pauline wird ihren Schützling auch vom Kloster aus zu lenken und zu stärken versuchen. Doch zunächst steht für diesen der Verlust im Vordergrund. Selbst die wöchentliche dreißigminütige Sprechzeit am Donnerstag macht sie nur noch trauriger, weil hier fast nur die Großen reden, während die Sanduhr unerbittlich abläuft. Zuhause ist Maries kraftvolle, aber manchmal ein wenig gröbere Art kaum ein Ersatz für Pauline, und Therese widersetzt sich anfangs in Kleinigkeiten ihrer Autorität. Vor allem bringt sie nicht Paulines feinfühliges Verständnis für Thereses Besonderheit auf. Céline nimmt Malunterricht, doch obwohl Thereses Augen Bände sprechen, dass sie es ebenfalls erlernen möchte, bleibt sie davon ausgeschlossen. Darüber hinaus beginnt sie fast am gleichen Tag wie Paulines Eintritt in den Karmel ein neues Schuljahr. Sie hatte eine Klasse überspringen können und findet sich nun unter lauter älteren Schülerinnen wieder.

Im Dezember zeigt die Kleine erste Anzeichen einer schweren Erkrankung. Es beginnt mit leichtem Kopfweh, das sie aber nicht weiter stört und darum auch zuhause nicht ernst genommen wird. Bald aber schläft sie schlecht, isst wenig, sieht blass aus, und sogar die Priorin des Karmels mahnt sie in einem Brief, nicht so viel an ihre Schwester im Kloster zu denken (LC 6). Doch die eigentliche Krise tritt erst Ende März ein, als der Vater, Marie und Léonie in der Karwoche eine Reise nach Paris unternehmen und Therese bei der Familie ihres Onkels, den Guérins, ist. Am Ostersonntag, dem 25. März 1883, lässt ein Gespräch über ihre verstorbene Mutter sie in Tränen ausbrechen. Zu Bett gebracht, fängt sie an zu zittern, sie friert und wird von heftiger Unruhe gepackt. Der Zustand verschlechtert sich in den nächsten Tagen massiv: nervöses Zittern, Angstzustände und Halluzinationen wechseln sich ab. Manchmal windet das Kind sich im Bett (CG 140).

Der Arzt ist ratlos, schließt eine Hysterie aus, kann sich mit der Diagnose aber nicht festlegen. Therese wird später den Eindruck der Ihren teilen, dass der Teufel äußerlich Gewalt über sie hatte (Ms A 28v). Wichtiger als die Gewissheit darüber aber ist das inständige Gebet der ganzen Familie. Man befürchtet schon das Schlimmste. Doch ein erstes Wunder geschieht. Am 6. April ist die Einkleidung Paulines im Karmel, und Therese kann aufstehen, sich in den Karmel begeben und Pauline im Brautkleid sehen; abends kehrt sie zum ersten Mal seit zwei Wochen wieder in die Buissonnets zurück. Doch das Wunder war von kurzer Dauer. Die Krise kehrt nur umso heftiger zurück (vielleicht auch mitbedingt durch den Tod der Großmutter väterlicherseits am 8. April in Valframbert bei der Familie von Thereses Amme Rose Taillé, wohin sie sich bei der Übersiedlung der Martins zurückgezogen hatte [CG 144]). Therese ist zeitweilig von Sinnen, lallt unsinnige Worte und tut widersinnige Dinge. Sie knirscht mit den Zähnen und verweigert die Mahlzeiten. Dann wieder fällt sie in eine tiefe Ohnmacht. Manchmal will sie sprechen oder die Augen öffnen, aber es gelingt ihr erst, wenn niemand mehr an ihrem Bett ist. Bei alledem beobachtet sie sich aber genau und kann später ihr eigenes Verhalten und die Worte und Taten ihrer Umgebung genau wiedergeben. So muss man von einer wahnhaften Entstellung ihres eigenen Fühlens, Redens und Tuns sprechen.

So kommt der 13. Mai, der Tag des wirklichen Wunders. In einer Statue am Krankenbett lächelt ihr die Mutter Gottes zu. Es ist der Pfingsttag, und vielleicht ist es nicht überflüssig, darauf hinzuweisen, dass Therese somit am Osterfest erkrankt ist und am Pfingstfest geheilt wurde. Der Festtag begann aber ganz anders. Die Krankheit hatte sich bis zum Äußersten aufgesteigert. Wahnvorstellungen, eine unbegreifliche Lähmung am ganzen Körper, Erschrecken und dann wieder bloß ein Wimmern, all das ließ die Jüngste der Martins „einer Geistesgestörten gleichen" (vgl. Ms A 29r). Als alles nichts half, nahmen sie Zuflucht allein zum Gebet. Inständig flehten Louis Martin und die Schwestern Thereses um Heilung. „Auch die arme kleine Therese hatte sich zu ihrer himmlischen Mutter gewandt, da sie auf Erden keinerlei Hilfe finden konnte. Von ganzem Herzen betete sie, sie möge endlich Mitleid mit ihr haben… Auf einmal erschien die Heilige Jungfrau mir *schön,* so *schön,* wie ich noch niemals etwas so Schönes gesehen hatte. Ihr Gesicht atmete unaussprechliche Güte und Zärtlichkeit. Doch bis ins Innerste meiner Seele drang das *‚bezaubernde Lächeln der Hl. Jungfrau'*. In diesem Augenblick verschwanden all meine Nöte im Nichts. Zwei große Tränen zeigten sich auf meinen Lidern und rannen leise über meine Wangen. Aber es waren Tränen einer ungetrübten Freude … Oh, dachte ich, die Hl. Jungfrau hat mir zugelächelt, wie glücklich bin ich... Aber ich will es niemals irgendjemandem sagen, denn dann würde mein *Glück verschwinden*. Mühelos senkte ich die Augen und erblickte Marie, die mich liebevoll ansah. Sie schien ergriffen und ahnte wohl etwas von der Gunst, die die Hl. Jungfrau mir gewährt hatte … Ach, ihr, ihren ergreifenden Gebeten verdankte ich die Gnade des *Lächelns* der Himmelskönigin. Als sie meinen fest auf die Heilige Jungfrau gerichteten Blick gesehen hatte, hatte sie sich gesagt: ‚Therese ist geheilt!'" (Ms A 30rv). Therese wird diese „Jungfrau vom Lächeln" zeitlebens in hohen Ehren halten. Céline wird sie Jahre später in den Karmel mitbringen, und die ersten Seiten ihrer „Geschichte einer Seele" bezeugen ihr großes Vertrauen in die Mutter Gottes, die ihr in dieser Statue wunderbar zugelächelt hat.

Natürlich hinterlassen die traumatischen Wochen ihre Spuren. Die Familie fasst sie nur noch mit Samthandschuhen an, um einen Rückfall unter allen Umständen zu vermeiden, und Therese selbst behält die untergründige Furcht vor dem Fall ins Nichts. Diese Furcht macht sich fest ausgerechnet am Wunder selbst. Obwohl sie zu jedermann darüber schweigen wollte, brachte Marie sie zum Reden, und bald wussten es alle in Familie und Karmel. Therese ist in aller Munde, ein Wunder-Kind im wahrsten Sinn des Wortes, und sie wird mit Fragen bestürmt. Sie wird zutiefst verunsichert, und die Idee setzt sich in ihrem Kopf fest, dass sie die wunderbare Heilung nur erlogen habe. Bald weitet sich die Furcht noch aus, und die irrwitzige Vorstellung, auch die Krankheit nur simuliert zu haben, drängt sich ihr mit Macht auf. So fühlt sie sich schuldig und verabscheut sich. Zum Glück überlagern andere Eindrücke diese beständigen Selbstzweifel, etwa die erste Reise nach Alençon in der zweiten Augusthälfte 1883, wo sie als junges Mädchen viele Komplimente erhält, und dort die erste Begegnung mit Maries und ihrem eigenen zeitweiligen Seelenführer, dem Jesuitenpater Almire Pichon.

1884 ist das Jahr ihrer Erstkommunion, die sie entsprechend den Vorschriften ihrer Zeit mit elf Jahren empfangen darf. Gerade die Monate der Vorbereitung, bestens unterstützt von Pauline, und die eigentliche Feier in der Klosterkirche der Benediktinerinnen kann man nur eindrucksvoll nennen, und zwar nicht nur im Blick auf die Intensität ihres Eifers und ihres geradezu mystischen Erlebens der Kommunion, sondern auch wenn man sich vor Augen hält, dass eben dies in ihrer Zeit durchaus dem entsprach, was normalerweise ein eifriger Erstkommunikant fühlte und tat. In der Schule widmet sie sich mit noch mehr Eifer dem Auswendiglernen des Katechismus und nutzt dafür sogar die Pausen; der Religionslehrer, Abbé Domin, nennt sie darum seine „kleine Kirchenlehrerin" (Ms A 37v), in Anspielung auf ihre Namenspatronin Teresa von Avila. Der Tag selbst, der 8. Mai 1884, war ein Tag der Vereinigung mit dem Herrn ohnegleichen: „Oh! wie süß war der erste Kuss Jesu für meine Seele!... Es war ein Kuss der *Liebe*, ich fühlte mich *geliebt* und rief ebenso: ‚Ich liebe dich und schenke mich dir für immer.' [...] An diesem Tag aber war es kein bloßer Blick mehr, sondern ein Verschmelzen. Sie waren nicht mehr zwei, Therese war verschwunden, wie sich der Wassertropfen im Schoß des Meeres verliert. Allein Jesus blieb, Er war der Meister, der König" (Ms A 35r).

Eine besondere Gnade stellte es auch dar, dass Pauline als Schwester Agnès am gleichen Tag im Karmel ihre Profess ablegen durfte. Aus Frömmigkeit tritt Therese in nicht weniger als sieben katholische Vereine ein: im September 1884 in die Rosenkranzbruderschaft, so wie zwei Jahre zuvor bereits in den „Kindheit-Jesu-Verein (Œuvre de la Sainte-Enfance)", der sich der Unterstützung der Mission und näherhin der finanziellen Unterstützung der Taufe und religiösen Erziehung von Kindern widmet, und in den Engelverein, 1885 in die Bruderschaft vom Heiligen Antlitz von Tours – die Verehrung des Antlitzes Jesu wird sie später dazu motivieren, sich als zweiten Ordensnamen den „vom heiligen Antlitz" beizulegen – , in das Gebetsapostolat und in eine Sühne-Erzbruderschaft (DE 483). Besonders viel kostete sie später ihre Aufnahme unter die „Marienkinder (Enfants de Marie)" am 31. Mai 1887, denn sie hatte zu diesem Zeitpunkt ja die ungeliebte Schule bereits verlassen dürfen und musste nun, um Marienkind werden zu können, im Frühjahr 1887, zweimal in der Woche wieder an den Versammlungen in der Abteischule teilnehmen.

Bereits fünf Wochen nach der Erstkommunion, am 14. Juni 1884, wurde Therese gefirmt. Wiederum zeigt sie viel Eifer: „Mit viel Sorgfalt hatte ich mich darauf vorbereitet, den Besuch des Heiligen Geistes zu empfangen. Ich konnte es nicht begreifen, wie man dem Empfang dieses Sakraments der *Liebe* keine große Aufmerksamkeit schenken kann. Normalerweise wurde nur ein einziger Einkehrtag für die Firmung gehalten. Aber da der Bischof am festgesetzten Tag nicht hatte kommen können, hatte ich den Trost, so zwei Tage in Zurückgezogenheit zu leben. Zu unserer Unterhaltung führte uns unsere Lehrerin zum ‚Monte Cassino'. Dort pflückte ich mit beiden Händen *Margeriten* für Fronleichnam. Ach, wie frohgemut war meine Seele! Wie die Apostel erwartete ich glückselig den Besuch des Heiligen Geistes... Ich freute mich am Gedanken, bald eine vollkommene Christin zu sein, und besonders daran, für immer und ewig das geheimnisvolle Kreuz auf der Stirn zu haben, das der Bischof bei der Erteilung des Sakramentes zeichnet... Endlich kam der glückliche Moment. Im Augenblick der Herabkunft des Heiligen Geistes empfand ich keinen stürmischen Wind, sondern eher jenen *sanften Hauch,* dessen Säuseln der Prophet Elia auf dem Horeb vernahm... An diesem Tag erhielt ich die Kraft zu leiden, denn bald danach sollte das Martyrium meiner Seele beginnen..." (Ms A 36v–37r).

So ist 1884 ein Jahr des hohen Aufschwungs, ergriffen und emporgezogen von der Gnade. Die Krankheit und Labilität des Vorjahres macht sich mehr bei den Großen bemerkbar als bei ihr, denn diese sind ständig um ihr Wohlergehen besorgt und möchten ihr jede Aufregung ersparen. Für sie selbst dagegen kündigt sich immer klarer die Gewissheit ihres Lebens an: das Vertrauen und die Liebe zum Herrn, der gerade in der Schwachheit der menschlichen Natur Großes wirkt. So lernt sie auch, sich nicht durch Innenschau in den Labyrinthen ihres Gefühlslebens zu verlieren, sondern einfach auf den zu vertrauen, der sie liebt und den sie liebt.

Die „Seelenmarter", von der sie spricht, beginnt im folgenden Jahr, und zwar ausgerechnet infolge der Exerzitien, die sie auf ihre feierliche Zweitkommunion am 21. Mai 1885 vorbereiten sollen. Sie stürzt in Skrupulosität, also das sie ständig verfolgende unbegründete Bewusstsein, gesündigt zu haben, etwas falsch gemacht zu haben oder gar überhaupt in einer undefinierbaren Art und Weise verkehrt zu sein. Erst im Herbst 1886 wird sie davon befreit, und zwar indem sie zu ihren bereits verstorbenen vier Geschwistern im Himmel betet. Auch für diese „schreckliche Krankheit der Skrupel" (Ms A 39r) machen die meisten Theresienkenner eine verfehlte, „angstbesetzte" Frömmigkeit ihrer Umgebung und näherhin des Predigers der Exerzitien und ihres Religionslehrers, Abbé Domin, verantwortlich. Eine „jansenistische Frömmigkeit" also wird diagnostiziert, obwohl der Jansenismus als System damals bereits 200 Jahre verurteilt war. Abbé Domin hat vielmehr über die ernsten Seiten des Kommunionempfangs gesprochen und dabei die Warnung vor dem Empfang im Stand der Todsünde ausgesprochen. Dies findet sich tatsächlich in allen einschlägigen pastoralen Büchern und Anweisungen der Zeit, hat also nichts mit einer persönlichen Strenge des Geistlichen zu tun. Sie geht auf die ernste Mahnung des Apostels Paulus zurück, sich nicht „das Gericht zu essen" (1 Kor 11,29).

Da alle Schülerinnen regelmäßig zur Beichte gingen, lief seine Mahnung einfach darauf hinaus, in der Beichte niemals eine Todsünde zu verschweigen – ein Hinweis, der sowohl dogmatisch als auch pastoral bis heute von größter Bedeutung ist, um Doppelleben und Heuchelei zu vermeiden. Ebenso besteht ein Fehler darin, Thereses Skrupulosität sehr persönlich in ihrer psychischen Verfasstheit begründet zu sehen. Dabei zeigt die geistliche Erfahrung aller Zeit, dass ein großer Eifer in der Frömmigkeit fast notwendigerweise – meist am Anfang der geistlichen Entwicklung – über eine gewisse Zeit zu Skrupulanz führen kann. Jedes Handbuch für den Beichtvater kannte stets auch ein Kapitel zum Umgang damit. Auch Heilige mit einer äußerst robusten Natur wie der hl. Ignatius von Loyola blieben davon nicht verschont. Sie ist ja in gewisser Weise die logische Folge aus der Erkenntnis des unendlichen Abstandes zwischen der Heiligkeit Gottes und dem Sünder. Überwunden werden kann sie nur dadurch, das der Gläubige von der beständigen Introspektion ablässt und sich im Gehorsam der Seelenführung durch einen Priester und letztlich der vorbehaltlosen Hinwendung zu Gott selbst überlässt.

Wenn man überhaupt Thereses persönliche Geschichte für die Krankheit der Skrupel mitverantwortlich machen will, dann wäre es naheliegender, an eine einschneidende Veränderung bald nach ihrer feierlichen Zweitkommunion zu denken: Céline beendete ihre Schulzeit im Sommer des gleichen Jahres 1885. Damit verlor ihre kleine Schwester auch Halt und Schutz in der ihr weiterhin fremden Welt der Schule. Nach der Erstkommunion und dem folgenden geistlichen Frühling markierte die Zweitkommunion gewissermaßen die Rückkehr in das gewöhnliche Leben und in die damit auch verbundenen Sorgen. Einen weiteren Halt musste sie zumindest zeitweise entbehren: Vater Martin brach Ende August zu einer siebenwöchigen Reise nach Konstantinopel auf. Schließlich war ihr – wenigstens untergründig – gewiss auch bewusst: Selbst ihre Ersatz-Ersatz-Mutter Marie, die mittlerweile 25jährige Älteste, würde nicht immer im Hause bleiben. Dann würde sich das Drama wiederholen, das Paulines Weggang ausgelöst hatte.

In der Tat entschloss sich Marie im Lauf des Jahres 1886, im Oktober zum Fest der hl. Teresa von Avila ebenfalls in den Karmel von Lisieux einzutreten. Nur eine Woche früher klopfte auch Léonie völlig überraschend bei den Klarissen von Alençon als Postulantin an. So ziehen also Gewitterwolken auf, die zusammengeballt verkünden: Die traute, schützende Familie wird sich auflösen, und Therese kann nicht weiter auf ihren Schutz rechnen. Ist eine neue Krankheit, eine psychische Krise die Folge? Nein, vielmehr gelingt ihr auf die Fürsprache ihrer verstorbenen Geschwister sogar die Befreiung von der Sünden- und Versagensangst: „Bald strömte Frieden in meine Seele mit seinen kostbaren Wogen“ (Ms A 44r). Ein wohl nicht geringeres Wunder stellt es aber auch dar, dass Therese selbst während ihrer 17 Monate anhaltenden Skrupulanz eben nicht äußerlich und innerlich zusammenbrach. Ihre Erinnerungen und Briefe aus der Zeit offenbaren vielmehr ein vielleicht zartes, aber doch durchaus lebenstüchtiges, ja in den Ferien auch lebensfrohes junges Mädchen (vgl. CG 193f.). Dazu trägt sicher auch bei, dass die göttliche Gnade ihr am Tag nach ihrer Erstkommunion „eine *tiefe Sehnsucht* nach *Leiden*“ (Ms A 36r) eingab. Die göttliche Pädagogik schaut also unendlich viel weiter als alle menschliche Vorsicht, die das Kind möglichst vor allem Schwerem bewahren will; sie lässt Therese gewissermaßen selbst in das Auge des Wirbelsturms gehen.

Das eigentliche Problem ist und bleibt dagegen die Schule, diese fremde, sie verunsichernde Welt. Kaum hat das neue Schuljahr begonnen, wird sie krank, ist ganz unglücklich und leidet immer wieder unter Kopfweh. Vor Ende des zweiten Trimesters im Februar oder März 1886 nimmt Monsieur Martin seine Tochter von der Schule und lässt sie durch eine Privatlehrerin, Madame Valentine Papineau, ab September 1886 drei bis acht Mal pro Monat unterrichten. Diese sehr belesene, aber auch etwas altjüngferliche Dame war vielleicht genau die richtige Person für Therese: Abseits der festen Stoffe und Lerneinheiten des Klassenunterrichts konnte sie tausenderlei kennenlernen, und die etwas schillernde Persönlichkeit der Lehrerin und die vielen Besucher, die sie empfing, schufen eine Lernumgebung, die, wie man heute sagen würde, ideal für ein entdeckendes und nicht bloß geplantes Lernen waren. Jedenfalls hat Therese hier zum ersten Mal einfach Spaß am Lernen gewonnen. Ein Zeugnis davon ist die Einrichtung ihres phantasievollen Studierzimmers in der Mansarde des zweiten Stocks der Buissonnets, das in seiner Mischung aus Phantasie und liebenswertem Chaos – „ein richtiger Basar“ (Ms A 42v) aus Körbchen, Schächtelchen, Büchern, Puppen und einem gut bewohnten Vogelhaus – Person und Unterrichtsart von Madame Papineau getreu widerspiegelt.

Psychologische Vermutungen zur Kindheit Thereses

„Seit Mamas Tod, so muss ich Ihnen sagen, meine Mutter, veränderte sich mein glücklicher Charakter vollständig. So lebendig und offenherzig ich gewesen war, so ängstlich und sanft wurde ich, empfindlich bis zum Äußersten. Ein Blick reichte aus, um mich in Tränen ausbrechen zu lassen. Niemand durfte sich mit mir abgeben, nur so war ich zufrieden. Mit Fremden zusammen zu sein konnte ich gar nicht ausstehen, und erst im engsten Familienkreis fand ich wieder zu meiner Lebendigkeit…" (Ms A 13r). Diese Bemerkungen Thereses zum Beginn ihres zweiten Lebensabschnitts haben die psychologisch Interessierten auf den Plan gerufen. Der Umschlag in ihrer Persönlichkeit von einem kleinen Wildfang zu einem überempfindlichen, äußerst anlehnungsbedürftigen Kind scheint die Diagnose nahezulegen: Eine verdrängte Trauer um die Mutter hat ihre Psyche lebenslang belastet. Schaut man sich diese Diagnosen jedoch genauer an, so stellt man bei ihren verschiedenen Verfechtern nicht wenige gravierende Unterschiede fest:

1. Jean-François Six sieht da einen Grundkonflikt zwischen den Kräften des Lebens und des Todes, der sich von ihrer Geburt bis zu ihrem Tod mit wechselnden Personen und Kräften durchhält: Rose Taillé, die Amme, ist das Leben, während Zélie, die Mutter, der Tod ist. Unverkennbar ist bereits hier Six' antibürgerlicher Zungenschlag, der in dem auf Ordnung, Disziplin und Zielstrebigkeit aufgebauten Charakter Zélies vor allem etwas Negatives erblickt. Die Sorgen der Sterbenden um die Zukunft ihrer Tochter Léonie deutet er als zwanghaftes Verhalten – deren drei vergebliche Klostereintritte in der Folgezeit beweisen, wie irrig Six' Urteil hierin ist. Dieselben Vorbehalte hat er dann gegen Pauline, deren Frömmigkeit er in einen grundsätzlichen Gegensatz zu der Thereses bringen will – Therese selbst hätte vermutlich nicht einmal verstanden, was er damit meinte. Dabei macht er auch vor gewagten Assoziationen nicht Halt, so etwa wenn er Thereses Vorliebe für das Bild der Rose mit dem Namen Rose Taillé in Verbindung bringt. Interessanterweise ist nun aber die Rose erst posthum zu Thereses Blume schlechthin geworden, während sie selbst eine viel breitere Blumenmetaphorik liebte. Eine solche fast nach dialektischen Prinzipien stilisierte Lebensgeschichte dient letztlich nur einem Ziel: Therese vollkom-

men aus Frömmigkeit und Moral ihrer Zeit herauszulösen und sie zur Vorreiterin einiger moderner Anschauungen zu machen.

2. Therese habe geschwankt zwischen zuerst zu vielen Müttern und später keiner Mutter mehr, meint René Laurentin. In ähnlicher Weise haben viele Ausleger den frühen Verlust ihrer Mutter als das große Trauma angesehen, das in ihr eine große Ängstlichkeit, zeitweise Skrupulanz, Überempfindlichkeit und mangelndes Selbstbewusstsein ausgelöst habe und ihr für immer eine unstillbare Sehnsucht nach dem Mütterlichen eingepflanzt habe. Ihre Entdeckung des kleinen Weges und der Barmherzigkeit Gottes habe dieses Verlangen endlich bei Gott zum Ziel gebracht. Das Schriftwort von Jes 66,13 und 12 („Wie eine Mutter ihr Kind liebkost, so will ich euch trösten; an meiner Brust will ich euch tragen und auf meinen Knien wiegen"), das bei dieser Entdeckung entscheidend war, bedeute demnach auch die Entdeckung eines mütterlichen Gottes: „Dieser brutale Verlust in einem Alter, da ein Mädchen so sehr die mütterliche Liebe braucht, um seine Persönlichkeit zu bilden, verursachte in Therese ein tiefes Trauma... [In diesem Moment aber] liest Therese, die Waise, dass Gott wie eine Mama für ihr Kindchen ist" (Conrad de Meester). Diese psychologische Deutung weist aber einen doppelten Fehler auf. Zum einen wäre ihr kleiner Weg dann nichts anderes als die Projektion der verlorenen Mutter auf Gott. Das würde die objektive Wirklichkeit, auf der er beruht, in Frage stellen und überdies allen, die keine ähnliche Erfahrung früher Verwaisung gemacht haben, den Zugang zum kleinen Weg, der doch ein Weg für alle sein will, erschweren. Zum anderen und noch handfester: Von alledem findet sich nichts in den Texten. Die Jüngste der Familie Martin hat an keiner Stelle wirklich einen ursächlichen Zusammenhang zwischen dem Tod ihrer Mutter und ihrer Überempfindlichkeit, ihrer Skrupulanz oder ihren Erkrankungen hergestellt. Der frühe Tod eines Elternteils war leider in ihrer Zeit

noch sehr häufig, darum kannte ihre Welt aber auch noch viel mehr kulturell gestützte Weisen, mit einem solchen Verlust umzugehen. Dass ihr zweiter Lebensabschnitt nach dem Umzug in die Buissonnets zum traurigsten wurde, hat viel mehr mit einer verunglückten Schulzeit und mit dem überraschenden Karmeleintritt Paulines zu tun, den sie wie einen Wort- und Vertrauensbruch erlebt. Und dass sie in ihrer Krankheit Marie als „Mama" anruft, hat seinen Grund einfach darin, dass diese nach Paulines Weggang jetzt ihre Mutter ist.

3. Durchaus kenntnisreich und teilweise überraschend im Neuverständnis bestimmter Aussagen und Begebenheiten hat schließlich Jacques Maître in einer „sozio-historischen Psychoanalyse" Therese als der Mutter Beraubte und davon in allen Phasen ihres Lebens Gezeichnete verstanden.[6] Zu Recht geht er von der Bedeutung der Mutter-Kind-Beziehung aus, deren Störung zu einer lebenslangen „Furcht vor dem Zusammenbruch (fear of breakdown)" (Donald W. Winnicott) führen kann. Denn die erste und wichtigste psychische Fähigkeit, die Unterscheidung von Ich und Umwelt, bleibt dann instabil; immer wieder verschwimmen Grenzen, Strukturen und alles, was Halt und Sicherheit gibt. Ein solcher Mensch pendelt zwischen dem Wunsch nach Symbiose, dem Aufgehen in einem Du, und dem Verlorengehen in einem Ozean ohne jeden Boden unter den Füßen. Dass Therese (nicht allein durch den Tod Zélies!) solchen psychischen Konflikten ausgesetzt war, dafür bringt er eine Reihe von Indizien, angefangen damit, dass sie auch dem Namen nach ein „Ersatzkind" für die 1870 geborene und nach wenigen Wochen bereits verstorbene erste Thérèse Martin gewesen sei. Erstaunlich für einen nicht-gläubigen Forscher ist nun, dass Maître vier geistliche Erlebnisse untersucht, in denen Therese

[6] Jacques Maître, „L'Orpheline de la Bérésina", Thérèse de Lisieux (1873-1897). Essai de psychanalyse socio-historique, Paris 1996.

mehr und mehr von der Instabilität der Mutterbeziehung befreit wird: Das Lächeln der Mutter Gottes gibt ihr Halt angesichts des Verlustes ihrer zweiten Mutter Pauline. Das Gebet zu den Geschwistern befreit sie nicht nur von den Skrupeln, sondern zugleich auch von dem doppelten Schuldgefühl, als Ersatzkind an der Stelle der verstorbenen Kinder zu leben und die nächstältere Céline zu übertreffen (ähnlich wie Pauline die ältere Marie überflügelt). Die Weihnachtsbekehrung beseitigt ihre Fixierung auf ihr Alter von vier Jahren beim Tod der Mutter und lässt sie selber mütterlich werden. Der Traum von der Mutter Anna de Lobera (Ms B 2rv) schenkt ihr eine ganz liebevolle Zuwendung vom Himmel, die sie angesichts der tödlichen Krankheit stärkt. Ein letztes Mal tritt der Grundkonflikt ihrer frühen Kindheit nach Maître in ihrer Glaubensprüfung und der sich darin zeigenden Furcht vor dem Auslöschen des Ichs wieder auf. Anders als in ihrer Kindheit kann Therese diesen Ängsten aber nun dank der Gewissheit ihres kleinen Weges und der Barmherzigkeit Gottes begegnen. All das ist erstaunlich, manchmal verblüffend, nicht selten freilich auch einseitig interpretierend, um die These zu erhärten, so dass wichtige Züge Thereses (etwa die große Bedeutung ihres Vaters!) ausgeblendet werden. Kurz, es ist anregend, aber alles andere als erschöpfend und wird am Ende Therese doch nur ansatzweise gerecht. Wegweisend bleibt jedoch, wie nach Jacques Maître geistliche Tradition (z. B. der Herz-Jesu-Verehrung) psychische Reife und die Überwindung seelischer Konflikte bewirken kann.

4. Doch auch nicht-psychologisch Interpretierende möchten in Therese ein eindrucksvolles Beispiel tiefer seelischer Verwundungen erkennen, die dann durch die heilende Barmherzigkeit Gottes überwunden wurden. Verwundung und Heilung ist ja eines der beliebtesten Muster großer Teile der neueren Spiritualität, nicht zuletzt im weiten Umkreis charismatischen Einflusses. Doch auch hier muss ein doppelter Vorbehalt angebracht werden. Verwundung

und Heilung spielen für Therese erstaunlicherweise keine erkennbare Rolle. An keiner Stelle erzählt sie ihr Leben, um darin äußere Ursachen für ein persönliches Leid zu finden und dafür Heilung zu suchen. Sie bekennt vielmehr ohne Erklärungen ihre Schwachheit, ihre Überempfindlichkeit, ihre Skrupel, ihre Enttäuschungen und Niederlagen, ihre Prüfungen und geistlichen Dunkelheiten. Entscheidend für sie ist nicht: Was war die Ursache?, sondern: Was hat Gott daraus gemacht? Ihre Devise „klein bleiben" bedeutet darum gerade nicht, das geistliche Leben zu einer (womöglich gar spektakulären) Heilung zu benützen, sondern auszuharren, weil man den Blick nicht auf sich selbst, sondern allein auf Gott und seine unendlichen Möglichkeiten gerichtet hat. Zum anderen geht sie in einem großen Realismus des Übernatürlichen häufig davon aus, dass gerade Anfechtungen und Prüfungen von außen geschickt werden, von Gott, der alles lenkt, der aber, wie bei ihrer schweren Krankheit, die sie als Kind durchlitt, auch dem Teufel für eine gewisse Zeit freies Spiel lässt.

Der „Lauf eines Riesen" und der Kampf um den Karmel

Kaum von ihren Skrupeln befreit, harrt eine noch größere Gnade ihrer: die „Gnade meiner vollständigen Bekehrung" (Ms A 45r). Es ist Heiligabend 1886. „Wir kamen von der Christmette heim, in der ich die Freude gehabt hatte, den *starken* und *mächtigen* Gott zu empfangen. Bei der Ankunft in den Buissonnets freute ich mich darauf, meine Schuhe aus dem Kamin zu nehmen. Während unserer Kindheit hatte uns dieser alte Brauch so viel Freude gemacht, dass Céline mich auch weiterhin wie ein kleines Kind behandeln wollte, weil ich die Jüngste in der Familie war... Papa freute sich, mich glücklich zu sehen, meine Freudenrufe zu hören bei jeder einzelnen Überraschung, die ich aus den *verzau-*

berten Schuhen hervorzog, und die heitere Laune meines geliebten Königs steigerte meine Freude dabei noch. Aber Jesus, der mir zeigen wollte, dass die Zeit da war, die Fehler der Kindheit abzulegen, entzog mir auch deren unschuldige Freuden. So ließ er es zu, dass Papa, von der Christmette müde, beim Anblick meiner Schuhe im Kamin Überdruss empfand und Worte aussprach, die mir das Herz durchbohrten: ‚Nun gut. Zum Glück ist es dieses Jahr das letzte Mal!...' Ich stieg gerade die Treppe hinauf, um meinen Hut abzulegen. Céline kannte meine Empfindlichkeit und sah Tränen in meinen Augen glitzern. Sie hätte am liebsten gleich selbst losgeweint, denn sie hatte mich sehr gern und begriff meinen Kummer. ‚Ach Therese,' sagte sie zu mir, ‚geh nicht hinunter. Es würde dir zu sehr weh tun, sofort in deine Schuhe zu schauen.' Doch Therese war nicht mehr dieselbe. Jesus hatte ihr Herz verwandelt! Ich drängte meine Tränen zurück und stieg rasch die Treppe hinunter. Ich beherrschte mein Herzklopfen, nahm meine Schuhe und stellte sie vor Papa. *Fröhlich* zog ich dann alle Gegenstände hervor und sah dabei selig aus wie eine Königin. Papa lachte, auch er war wieder heiter geworden, und Céline glaubte *zu träumen*!... Doch zum Glück war es tatsächlich wahr. Die kleine Therese hatte ihre Seelenstärke wiedergefunden, die sie mit 4½ Jahren verloren hatte, und sie sollte sie für immer behalten! ... In dieser *Nacht* des *Lichts* begann der dritte Abschnitt meines Lebens, der schönste von allen, der, in dem ich die meisten Gnaden vom Himmel erhielt ... In einem Augenblick vollbrachte Jesus das Werk, das ich in zehn Jahren nicht fertiggebracht hatte und gab sich mit meinem *guten Willen* zufrieden, an dem es mir nie gefehlt hatte" (Ms A 45rv).

Man kann sich diese Befreiung nicht umfassend genug vorstellen. Da alle menschlichen Versuche zur Überwindung ihrer Weinerlichkeit, Ängstlichkeit und ihres mangelnden Selbstbewusstseins nicht zum Ziel geführt haben, hat der Herr selbst ihr Stärke auf vollkommene Weise geschenkt. Sie fühlt sich wahrhaftig als neuer Mensch. All das, was in ihr liegt und was bisher wie gebunden war, ist nun frei. Die Schaukel ihrer Seele kann sich mächtig nach oben schwingen. Nichts ist ihr mehr unmöglich – mit Gottes Hilfe. Mit ihren dann 14 Jahren beginnt sie das Jahr 1887 nicht nur physisch als kein Kind mehr – „die große Therese" nennt sie Jeanne Guérin gegenüber Céline (LD 24–25/6/1887) oder auch „die große Engländerin" (LT 24); „mein Kindchen ist so groß geworden" stellt Marie fest (LC 49) – , sondern auch ihrer inneren Entwicklung nach überspringt sie geradezu die Jahre der Pubertät und legt eine Reife und Entschiedenheit an den Tag, die am Ende des Jahres selbst den Papst in Verlegenheit bringen wird. Intellektuell interessiert sie alles, und sie saugt das Wissen förmlich in sich ein. Sie macht viele Versuche im Zeichnen, ähnlich der bereits entwickelten Zeichenkunst Célines. Vor allem aber kommt es geistlich geradezu zu einer Explosion; ihre Frömmigkeit wird reifer und dem Nächsten zugewandter, sie erhält viele geistliche Einsichten und Gewissheiten.

Ein deutliches Anzeichen für ihren Entwicklungssprung ist die Veränderung im Verhältnis zu Céline. Mit einem Mal ist diese nicht mehr die Beschützerin einer zerbrechlichen Kristallkugel, sondern die „Seelenschwester" (Ms A 47v), die Freundin und Vertraute beim „vollkommenen Glück" (Ms A 49v), vom ausgelassensten Spaß bis zur mystischen Versenkung in die lebhaften Schilderungen des ewigen Lebens, die sie gemeinsam in den Predigten des berühmten Abbé Arminjon lesen. Ebenso ist es wichtig festzuhalten, dass diese Befreiung in ihr vor allem das Kämpferische, Feste und Unerschrockene ihres Wesens zum Vorschein kommen lässt, wie es sich zuletzt noch zu Lebzeiten der Mutter gezeigt hatte.

So wird 1887 zum Jahr der Entscheidung. Dabei muss man sich vor Augen halten, dass Therese bereits seit Jahren die Gewissheit hatte, zum Karmel berufen zu sein. Nun fühlt sie sich auch dazu fähig, dem Ruf zu folgen, und nimmt sich fest vor, bis Weihnachten 1887 Karmelitin zu sein. Heutige Leser ihres Lebens mag es befremden, mit welcher heiligen Ungeduld sie in diesem frühen Alter ins Kloster eintreten wollte: „Hätte es ihr nicht gut getan zu warten? Wäre ihre Entscheidung dadurch nicht noch klarer gewesen?" Doch solche Fragen gehen sowohl an ihrer Zeit als auch an ihrer Persönlichkeit vorbei. Damals war es nicht selten, dass junge Mädchen ohne zu zögern in einen Orden eintraten (das Kirchenrecht erlaubte es bereits mit 14 Jahren); auch das Heiratsalter war ja deutlich niedriger als heute. Das hing damit zusammen, dass die Lebenserwartung viel geringer war. So musste ein Mädchen sich von vornherein darauf einrichten, rechtzeitig eine sichere Lebensbindung einzugehen, bevor die Eltern nicht mehr für sie sorgen konnten. Eine Berufstätigkeit und Selbständigkeit waren ja, wenn es sich um eine bürgerliche Familie handelte, nur wenigen Töchtern möglich.

Im Fall Thereses war es beinahe prophetisch, dass sie den Weg in den Karmel suchte, bevor ihr Vater schwer erkrankte und selbst pflegebedürftig wurde. So war ein derartig früher Ordenseintritt zwar immer noch recht selten, aber doch auch nicht spektakulär. Aber das sind äußere Umstände. Es kam jedoch noch etwas anderes dazu. Von der Gewissheit ihrer Berufung war bereits die Rede. Sie war so außerordentlich drängend, dass jedes Warten ihr wie eine Untreue gegenüber dem Herrn erschienen wäre. Auch zeigt sich an dieser Stelle wiederum eine Charakteristik Hochbegabter, dass sie mit Vorliebe Verhaltensweisen an den Tag legen, die man erst bei weitaus Älteren vermutet hätte. Typisch dafür sind zwei Beobachtungen ihrer Novizenmeisterin, Schwester Marie des Anges, aus ihren ersten Monaten im Karmel: Alle, insbesondere ihre leiblichen Schwestern, waren sehr erstaunt „über ihre Haltung, die von einer Art ernster Würde geprägt war, die man sich bei einem Kind von 15 Jahren kaum vorgestellt hätte" (PA 347). Sie legte keinerlei jugendlichen Leichtsinn an den Tag und brauchte nicht lange, bis sie sich auf das so ganz andere Leben im Karmel einstellte: „Sie hatte einen solchen Sinn für die Ordenstugend und -vollkommenheit, dass man sie sozusagen nur über die Regel, die Konstitutionen und die besonderen Gewohnheiten unseres heiligen Ordens unterrichten musste, damit sie diese sogleich in Vollkommenheit erfüllte" (PA 348). Vielleicht kam noch als ein letzter Grund hinzu, dass Therese gar nicht eine ausreichend lange Lebenszeit zum Warten besaß. Am Ende ihres Lebens bekennt sie, den Tod vor Augen: „Seit meiner Kindheit hat der liebe Gott mir die tiefe Vorahnung gegeben, ich würde jung sterben" (CJ 13.7.13).

Wie entschieden sie bei der Verwirklichung ihrer Berufung war, geht auch aus einem aufschlussreichen Bekenntnis von Louis Martin gegenüber Priestern anlässlich der Einkleidung Maries am 19. März 1887 hervor: „Ich bin sehr glücklich. Schon bei zweien meiner Töchter ist das Heil gesichert. Und ich habe noch eine, die gerade einmal 14 Jahre alt ist und doch schon darauf brennt, ihnen zu folgen" (PO 515). Am Pfingstsonntag vertraut Therese ihm auch unmittelbar ihren Wunsch an und erhält ohne Probleme seine Zustimmung. Schwieriger ist es schon im Oktober, auch die Erlaubnis von Onkel Guérin zu erhalten. Doch mit etwas Diplomatie Paulines hinter den Klausurgittern fällt die Bastion. Auch die Priorin des Karmels hat längst zugestimmt. Da tritt ein unerwartetes Hindernis auf: Der Superior, d. h. der priesterliche Verantwortliche für den Karmel, Abbé Delatroëtte, verschließt sich ihrer Bitte kategorisch. Es bleibt nur am 31. Oktober der Weg zum Bischof als dem nächsthöheren Vorgesetzten. Dieser empfängt Therese zusammen mit ihrem Vater zwar mit großer Freundlichkeit, behält sich aber eine Entscheidung vor und belässt zunächst einmal alles in der Schwebe. Die beiden Besucher verstehen dies nur als eine verklausulierte Absage und sehen darum nur einen Ausweg: die für November geplante Romreise des Vaters mit seinen beiden jüngsten

Töchtern zum Anlass zu nehmen, Papst Leo XIII. selbst um die Erlaubnis zu bitten. Bei dieser erlebnisreichen Reise kommt es im Rahmen einer Privataudienz für die französische Pilgergruppe am Sonntag, dem 20. November, zum entscheidenden Augenblick: „Nach diesem Tag sehnte ich mich und schreckte gleichzeitig vor ihm zurück. Von ihm hing meine Berufung ab“ (Ms A 62r).

Angesichts des geschwächten Gesundheitszustandes des Heiligen Vaters war es zuvor ausdrücklich verboten worden, ihn beim Vorbeigehen anzusprechen. „Sprich!“, sagt ihr jedoch die mitzitternde Céline. „Einen Augenblick später war ich zu Füßen des Heiligen Vaters. Als ich seine Samtpantoffel geküsst hatte, reichte er mir die Hand, aber anstatt sie zu küssen, faltete ich meine Hände, erhob meine ganz tränenfeuchten Augen zu seinem Gesicht und rief laut aus: ‚Heiligster Vater, ich erbitte von Euch eine große Gnade!...‘ Daraufhin neigte das Oberhaupt der Kirche seinen Kopf zu mir herab, so dass mein Gesicht fast das seine berührte. Ich sah, wie seine *schwarzen, tiefen Augen* sich ganz auf mich richteten und, wie mir schien, mich bis auf den Grund meiner Seele durchdrangen. – ‚Heiligster Vater,‘ sagte ich zu ihm, ‚erlauben Sie mir, zu Ehren Ihres Goldenen Priesterjubiläums mit 15 Jahren in den Karmel einzutreten!...‘ Ohne Zweifel hatte die Erregung meine Stimme zittern lassen, denn der Hl. Vater drehte sich zu Prälat Révérony um, der mich erstaunt und verärgert ansah, und sprach: ‚Ich verstehe nicht recht.‘ – Wenn der liebe Gott es erlaubt hätte, wäre es für Prälat Révérony ein Leichtes gewesen, meinen Wunsch in Erfüllung gehen zu lassen. Aber Gott wollte mir das Kreuz und nicht den Trost geben. – ‚Heiligster Vater,‘ antwortete der Generalvikar, ‚dieses *Kind* wünscht mit 15 Jahren in den Karmel einzutreten. Aber die Oberen prüfen augenblicklich die Angelegenheit.‘ – ‚Nun, mein Kind,‘ meinte daraufhin der Hl. Vater mit einem gütigen Blick, ‚tun Sie, was die Oberen Ihnen sagen.‘ Da legte ich ihm als letzten Versuch meine Hände auf die

Knie und sagte mit flehender Stimme: ‚Ach, heiligster Vater, wenn Sie Ja sagten, wären alle einverstanden!...' Er schaute mich fest an und und sprach die folgenden Worte, wobei er jede einzelne Silbe betonte: ‚Aber... Aber... *Sie werden eintreten, wenn der liebe Gott es will!...'* (Sein Tonfall hatte etwas so Eindringliches und Überzeugtes, dass ich meine, es jetzt noch zu hören.) Von der Güte des Hl. Vaters ermutigt, wollte ich weitersprechen, aber die beiden Ehrengardisten *berührten* mich *höflich*, damit ich mich erheben sollte. Als sie aber merkten, dass das nicht genügte, fassten sie mich an beiden Armen, und Prälat Révérony half ihnen, mich wieder aufzurichten" (Ms A 63rv).

In diesem Augenblick meinte Therese, es sei alles aus. Auch nach der Rückkehr aus Italien erhält sie keine Entscheidung. Weihnachten kommt, und alles ist noch in der Schwebe. Doch am 28. Dezember erreicht sie die ersehnte Erlaubnis des Bischofs. Die Priorin des Karmels aber verschiebt nun auf Drängen von Schwester Agnès den Eintritt ihrerseits auf einen Zeitpunkt nach Beendigung der Fastenzeit, wobei die Gründe dafür – vielleicht Paulines plötzliche Bedenken im Blick auf Thereses Konstitution, nachdem es nun ernst wird? – im Unklaren bleiben. Wie auch immer, Thereses Reaktion zeugt von ihrer Reife: Sie ergibt sich ruhig in die Entscheidung, setzt ihren Unterricht fort – und erlebt im März 1888 einen der schönsten Monate ihres Lebens (vgl. DE 779).

Im Karmel

Es kommt der 9. April 1888, ein Montag und der Tag, auf den das Fest der Verkündigung Mariens in jenem Jahr wegen der Fastenzeit verlegt worden war. Die 15-Jährige wirft einen letzten Blick auf die geliebten Buissonnets, begibt sich mit den Ihren zum Karmel und nimmt dort an der 7-Uhr-Messe teil. Dann ist der Augenblick des

Abschiedes gekommen. „Nach außen verriet nichts meine Erregung. Nachdem ich alle Mitglieder meiner geliebten Familie umarmt hatte, kniete ich vor meinem unvergleichlichen Vater nieder und bat ihn um seinen Segen. Dazu *kniete er selbst* nieder und segnete mich unter Tränen... Wie dieser alte Mann sein Kind, das noch im Frühling des Lebens stand, dem Herrn darbrachte – dieses Schauspiel muss die Engel erfreut haben!... Einige Momente später schlossen sich die Pforten der heiligen Arche hinter mir, und dort empfing ich die Umarmungen der *geliebten Schwestern,* die mir *Mutter* gewesen waren und die ich von nun an zum Vorbild für mein Tun nehmen würde... Endlich war mein Verlangen erfüllt. Meine Seele fühlte einen so lieblichen und tiefen FRIEDEN, dass ich ihn unmöglich beschreiben könnte. Dieser innere Frieden ist seit 7 1/2 Jahren mein Anteil geblieben. Auch inmitten der größten Prüfungen hat er mich nicht verlassen" (Ms A 69rv).

Was findet die Postulantin vor? Ein 1838 gegründetes Kloster mit einem eher unscheinbaren Gebäude (1852 vollendet; das Schiff der heutigen Kirche wurde 1913–1923 erweitert, der Altarraum wurde in den letzten Jahrzehnten vollständig verändert, der Chor befindet sich – wie bei Karmelitinnen üblich – im rechten Winkel zum Altarraum); es war zudem stets etwas feucht durch den nahen Fluss Orbiquet. Die Zelle der angehenden Karmelitin für die nächsten fünf Jahre ist einfachst, denn die evangelische Armut ist hier nicht nur ein Wort: ein karges Bett, eine Holzbank mit einem Pult, das man auf die Knie legt, eine Öllampe, ein Betschemel und ein Kreuz, eine Waschschüssel mit einem Krug, weder fließendes Wasser noch elektrisches Licht oder eine Heizgelegenheit (das war freilich auch sonst noch kaum üblich, auch nicht in den Buissonnets). Durch das Fenster gibt es keine andere Aussicht als die auf eine drei Meter entfernte Mauer, dafür aber nachmittags Sonnenschein (wenn die Sonne denn in der regen- und nebelreichen Normandie einmal scheint...).

Die heiligmäßige Gründerin, Mutter Geneviève (1805–1891), lebt noch, ist aber bereits vom Alter und von Gebrechen gezeichnet. Amtierende Priorin ist die damals 54-jährige Mutter Marie de Gonzague (1834–1904), die ihren jungen Schützling schon seit Jahren ins Herz geschlossen hat, ihm aber gerade deshalb Postulat und Noviziat nicht zur Puppenstube verkommen lässt. „Eine zugleich feste und mütterliche Erziehung" habe sie ihr zukommen lassen, so erinnert sich Therese kurz vor ihrem Tod (Ms C 1v). 26 Ordensschwestern leben hier – ihr Durchschnittsalter ist knapp 47 – , zum größten Teil Professschwestern, daneben auch zur Zeit Thereses fünf sogenannte Laien- und zwei Windenschwestern. Die Laienschwestern („Konversen"), erkennbar an ihrem weißen Schleier auch nach der Profess, leben innerhalb der Klausur, kümmern sich hauptsächlich um Küche, Hausarbeit und andere anfallenden Arbeiten; am lateinischen Chorgebet nehmen sie nur insofern teil, als sie währenddessen eine bestimmte Zahl von Vaterunsern beten (DE 810). Windenschwestern („sœur tourière") leben dagegen außerhalb der Klausur, sie sorgen für den Kontakt mit der Außenwelt und lassen Gegenstände an der Pforte durch die Sichtschutz gebende Winde hinein- und hinausgelangen. Drei Schwestern befinden sich im Noviziat unter Leitung der heiligmäßigen Schwester Marie des Anges (vgl. Ms A 70v): außer Thereses leiblicher Schwester Marie, die am 22. Mai ihre Profess feiern darf, die schon 8 Jahre ältere Schwester Marie-Philomène, seit zwei Jahren Professin, und die erst vor 3 Monaten eingetretene Konversenschwester Marthe de Jésus (23 Jahre), eine Waise mit einem recht begriffsstutzigen und oft eigenwilligen Charakter, die es Therese im Zusammensein nicht immer leicht macht. Mit dieser Gruppe erhält Therese nun täglichen Unterricht über Regel, Konstitutionen und Klosterbräuche.

Eine liebenswürdige Charakterisierung von 19 Schwestern durch Schwester Marie des Anges aus dem Jahre 1893 – Therese eingeschlossen – läßt einen guten Geist erahnen, hinter dem manche Schwächen und Grenzen einzelner Mitglieder des Konventes zurücktreten (vgl. CG 1171–1179). Dies ist wichtig festzuhalten, weil die unglückliche Veröffentlichung der Inhalte eines Dokumentes aus dem Kanonisierungsprozess bis heute ein schwarzes, ja rabenschwarzes Bild des Karmels und seiner Priorin zeichnet, was in nichts der Wirklichkeit entspricht. Bei dem engen Zusammenleben in der Klausur gab es natürlich Spannungen. Auch konnten Reibereien zwischen Mutter Marie de Gonzague und der nach großer Vollkommenheit strebenden, aber wohl auch ein wenig zur Dominanz neigenden Mutter Agnès nicht ausbleiben. Schließlich konnte der Martin-Clan – am Ende waren es vier leibliche Schwestern und die Kusine Marie – auch Widerstand hervorrufen. Um es an einem Beispiel zu belegen: Besagtes Dokument macht es Mutter Marie de Gonzague zum Vorwurf, dass sie die Klosterkatze zu sehr verwöhnt habe. Wenn diese verschwunden war, mussten die Schwestern sie suchen, und wenn sie nichts fraß, wurden in der Küche besondere Soßen zubereitet. War das wirklich eine bizarre Tyrannei, dem Karmelgeist völlig zuwider, oder mag eine solche Tierliebe nicht auch ganz wesentlich zu einer warmherzigen Menschlichkeit unter den Schwestern beigetragen haben? Auf jeden Fall möchte man sagen: Wenn ein Konvent keine anderen Probleme als verschwundene oder wählerische Katzen hat, ist er glücklich zu preisen...

Als Postulantin trägt Therese zunächst noch bloß einen schwarzen Umhang über einem blauen Mädchenkleid. Ihr Ordensname war schon längst ausgemachte Sache gewesen: Therese vom Kinde Jesus. Vom ersten Tag an nimmt sie voll und ganz am Klosterleben teil (vgl. DE 825–828): Sechs Stunden nächtlichen Schlafes (im Sommer fakultativ auch eine Stunde zusätzlich am Nachmittag) und Aufstehen um 4.45 Uhr (vom 14. September bis Ostern eine Stunde später); am Tage wechseln sich verschiedene Betätigungen ab: morgendliche Messe und dreieinhalb Stunden Offizium

(Stundengebet) im Chor, außerdem je eine Stunde morgens und abends schweigende Betrachtung sowie zweimal zehn Minuten Gewissenserforschung, Mahlzeiten um 10 und um 18 Uhr mit fleischloser Kost, gefolgt jeweils von einer Stunde gemeinsamer Rekreation (Erholungzeit), fünf Stunden Handarbeit unter Schweigen (bei Therese in den ersten Jahren zunächst Ausbesserungsarbeiten in der Wäschekammer, Reinigung eines Korridors und Treppenhauses, später auch des Refektoriums sowie Mithilfe bei der Wäsche, gelegentlich auch etwas Gartenarbeit) und eine halbe Stunde geistlicher Lesung.

Abends vor der Matutin hat die Karmelitin während des Großen Schweigens eine Stunde zur eigenen Verfügung; in dieser Zeit schrieb Therese etwa ihre „Geschichte einer Seele". Zu essen gibt es morgens nach der Messe gegen 8 Uhr eine gehaltvolle Suppe im Stehen, um 10 Uhr bereits das Mittagessen (normalerweise Fisch oder Eier, reichlich Gemüse und Käse oder Obst), und abends um 18 Uhr Suppe, Gemüse und ein Nachtisch (an Fasttagen nur knapp 200 Gramm Brot; Brot bildet auch sonst die Grundlage der Ernährung). Die nicht seltenen kirchlichen und Ordensfasttage und die Fastenzeit lassen das Frühstück ausfallen und ersetzen die Abendmahlzeit mit einer kleinen Stärkung; entsprechend kirchlichem Gesetz durfte Therese aber erst mit 21 Jahren mit dem Fasten beginnen. Alles ist ihr recht, alles erfüllt sie vollkommen (auch wenn sie die schwereren Handarbeiten erst noch erlernen muss), und nichts ist anders, als sie es sich vorgestellt hat: gewiss kein Paradies, aber die ersehnte Wüste, in der sie in Gebet, Opfer und Kreuz ihrem Geliebten nahe sein kann. „Mehr Dornen als Rosen" (Ms A 69v) also, aber genau dazu ist sie ja gekommen.

Wie ein Siegel auf die Kämpfe ihrer Kindheit ist das Wort, das P. Almire Pichon ihr am 28. Mai am Ende einer Generalbeichte („Lebensbeichte") feierlich verkündet: *„In Gegenwart des lieben Gottes, der Hl. Jungfrau und aller Heiligen*

ERKLÄRE ICH, DASS SIE NIEMALS EINE EINZIGE TODSÜNDE BEGANGEN HABEN.' Dann fügte er noch hinzu: Danken Sie dem lieben Gott für das, was er für Sie getan hat. Denn wenn er Sie im Stich ließe, würden Sie, anstatt ein kleiner Engel zu sein, ein kleiner Teufel werden" (Ms A 70r). Wie genau trifft der Jesuitenpater das Geheimnis ihrer Berufung: Ihrer Natur nach hochbegabt, aber auch ängstlich und schwach, hebt die Gnade sie empor und schenkt ihr eine Vollkommenheit, über die sie selbst nur staunen kann.

Neue Kämpfe aber warten auf sie, gegenüber denen die der ersten 15 Lebensjahre wie Kleinigkeiten erscheinen. Äußerlich vollzieht sie Schritt für Schritt die vorgesehenen Stationen auf ihrem klösterlichen Weg. Sie wird mit dem Habit der Karmelitin und Schleier einer Novizin eingekleidet (10. Januar 1889, besonders berührt sie, dass der Himmel überraschend Schnee geschickt hat). Damit beginnt sie ihr kanonisches Jahr, an dessen Ende bereits die ewige Profess stehen kann (damals kannten die Karmelitinnen keine zeitliche Profess oder eine längere Wartezeit). So kann Therese am 8. September 1890 ihre Profess und zwei Wochen später ihr Schleierfest, also den damals eigens unter Beteiligung der Öffentlichkeit zelebrierten Empfang des schwarzen Schleiers, begehen. Mutter Marie de Gonzague notiert am nächsten Tag über die Profess: „Gestern konnte ich ein Mädchen darbringen. Dieser Engel von einem Kind ist siebzehneinhalb Jahre alt und besitzt den Verstand einer Dreißigjährigen, die geistliche Vollkommenheit einer alten Novizin, die in ihrer Seele vollendet ist, und die Selbstbeherrschung. Sie ist die vollkommene Schwester. Kein Auge konnte gestern trocken bleiben beim Anblick eines so großen und vollständigen Opfers" (LD 9/9/1890).

Überhaupt springt ein Gegensatz zu ihrem früheren Leben ins Auge: War sie zuvor in vielerlei Hinsicht die Außergewöhnliche, ja das Wunderkind (allerdings auch mit allen Problemen, die es mit sich bringt, niemals einfach in einer Gruppe, einer Gewohnheit oder einem bestimmten Selbstbewusstsein aufgehen zu können), so macht sie ihr Karmelleben sehr gewöhnlich, unspektakulär und durch und durch verborgen. Die eigentliche Abenteuerreise geschieht nun innerlich. Wie in einem Spiegel dieser äußeren Gewöhnlichkeit wird nun auch ihr geistliches Leben sehr einfach; große Gefühle, Gnadenerfahrungen und sichtbare Eingriffe von oben bleiben weithin aus. Ausnahmen sind selten, so im Juli 1889 die Erfahrung in der Eremitage der hl. Maria Magdalena am Rande des Karmelgartens, vom Mantel der Mutter Gottes umhüllt und bei ihren Arbeiten wie außerhalb ihres Leibes zu sein, was ihr mehrere Tage tiefen Friedens beschert. „Seine Schwachheit macht seine ganze Zuversicht aus, und es [sc. das Schilfrohr Therese] kann nicht geknickt werden, denn was ihm auch zustoßen mag, es will darin nur die süße Hand seines Jesus sehen" (LT 55). Der Sturm aber braut sich vor ihrer Profess zusammen. Während ihrer Vorbereitungsexerzitien ist es ihr, als sei sie in einen Eisenbahntunnel hineingefahren. Alles ist schwarz, sie weiß nicht, wohin die Reise geht, sie fühlt nichts, und doch vertraut sie ihrem geliebten Jesus vollkommen, dass er sie führt. Am Vorabend des Festes aber dann ein letzter Rückfall in die Selbstzweifel. Sie denkt, sie habe keine Berufung, und will bestürzt das Kloster verlassen. Aber ihre Novizenmeisterin beruhigt sie, und Mutter Marie de Gonzague lacht nur über ihre Zweifel, und das Fest selbst erlebt Therese ungetrübt und voll inneren Friedens.

Hinter diesem geradlinigen Weg aber verbirgt sich die härteste Prüfung ihres Lebens. Vom 23. bis 27. Juni 1888 verschwindet Monsieur Martin ohne Vorankündigung nach Le Havre. Kurz zuvor hatte ihm auch Céline ihre Berufung zum Karmel gestanden – auch in Reaktion auf einen Heiratsantrag, den sie noch am Tag des Eintritts Thereses erhalten hatte – , und seitdem beherrscht ihn die fixe Idee, sich in der Wüste als Eremit niederzulassen (CG 407).

Doch drückt diese seltsame Unruhe nur die Sorge um seine Zukunft aus? Der Familie schwant Schlimmes. Rückfälle geistiger Umnachtung bestätigen die schlimmsten Befürchtungen. Das Gerede in der Kleinstadt lässt nicht auf sich warten: Der allzu frühe Verlust der kleinen Königin hat dem Vater das Herz gebrochen. In Wirklichkeit waren es eine frühe Arteriosklerose und eine Harnvergiftung, die Leib und Seele in Mitleidenschaft ziehen: Unruhe, Fluchtversuche, Schwindel, Stimmungslabilität und Gedächtnisausfälle sind die Folge. Bald nach Thereses Einkleidung, seinem letzten großen Triumph, folgt die endgültige Demütigung.

Eine Wahnvorstellung gaukelt ihm am 12. Februar 1889 vor, sich mitten in einem kriegerischen Gefecht zu befinden, und er zieht den Revolver, um seine beiden verbliebenen Töchter zu schützen. Nun muss endgültig gehandelt werden. Er wird in eine geschlossene Anstalt in Caen eingeliefert, wo er drei Jahre verbringt, bevor er seine letzte Lebenszeit bis zu seinem Tod 1894 wieder im Rollstuhl unter der Obhut und Pflege Célines zuhause verleben darf. In diesem Pflegeheim muss er am 18. Juni auf Drängen von Onkel Isidore Guérin auch seine eigene finanzielle Entmündigung unterschreiben. Es braucht keine Worte, um die tiefe Not und Herzensangst Thereses um ihren Vater, gewiss auch ihre Scham über seine Demütigung zu beschreiben. Dazu kommt, dass Léonie und Céline bei ihrem Vater sein wollen und darum für einige Monate nach Caen umziehen. Infolge eines Umbaus des Windenbaus, d. h., des Empfangs- und Besuchsraums des Klosters, ist bis Juli 1890 auch kein regulärer Besuch mehr möglich. Schließlich werden auch die Buissonnets Ende des Jahres aufgegeben.

Inmitten dieses jahrelangen Leidens und bei all ihrer Trockenheit im Gebet wächst Thereses innerer Mensch beständig. Halt bieten ihr die Schriften des heiligen Ordensvaters Johannes vom Kreuz sowie „Die Grundlagen des geistlichen Lebens (Les fondements de la vie spirituelle)“ von

Pater Surin. Besonders der spanische Karmelit lehrt sie, dass Liebe und Entblößung von allem scheinbaren inneren Reichtum ineins gehen. Immer mehr entdeckt sie daraufhin „die verborgenen Schönheiten Jesu" (LT 108), wie sie sich ihr im Bild des Knecht Gottes nach Jesaja 53 zeigen. Bei ihrer Einkleidung am 19. Januar 1889 wird sie darum auch als zusätzlichen Ordensnamen „und vom heiligsten Antlitz" annehmen. Immer mehr wird es aber auch für sie selbst wichtig, verborgen zu sein, in den Augen der Welt für nichts geachtet, und nicht von anderen Anerkennung, Beachtung und Dank zu erwarten: „Welch ein Glück, so verborgen zu sein, dass niemand an einen denkt! Selbst jenen Menschen unbekannt zu sein, mit denen man zusammenlebt" (LT 106).

Auch begreift sie besser den Wert der kleinen Taten: die Mäntel von Mitschwestern zusammenzulegen, ihnen kleine Dienste zu erweisen, die schlechtesten Essensreste zu verzehren, Kälte klaglos auszuhalten und sich kein Opfer entgehen zu lassen, das sich anbietet (vgl. Ms A 74v). Durch die äußere Prüfung und die innere Anspannung ist sie ja gar nicht zu Außergewöhnlichem fähig. Ja selbst zum Alltäglichen wie etwa dem betrachtenden Gebet fehlt ihr oft die Kraft, und sie schläft dabei häufig einfach ein. Gleichzeitig lässt ihre Sehnsucht nach Heiligkeit aber nicht nach. Umso wichtiger wird es, das Kleine, Unscheinbare mit Liebe zu füllen und darauf zu vertrauen, dass gerade es in den Augen Jesu kostbar ist. Besonders als zweite Sakristanin ab 1891 hat sie im Umgang mit den heiligen Geräten und Paramenten viel Gelegenheit dazu. Infolgedessen ist sie aber auch nicht mehr täglich bei der Arbeit im Refektorium mit Schwester Agnès zusammen; dasselbe gilt von Marie, die im Juli 1891 das Noviziat verlässt. So weiß sie sich nicht mehr unter den Augen ihrer beiden „Mütter", und umso mehr zählt für sie allein der Blick Jesu. Eine Vorstellung begleitet sie dabei: „Jesus eine Freude machen" ist das, was zählt. Hier zeichnen sich bereits die beiden Pole ab, auf die sie später mit dem „kleinen Weg“ eine Antwort finden wird: Wie kann ich heilig werden, wenn es mir an Kraft zu außergewöhnlichen Taten und Opfern fehlt? Wird der Herr nicht wie so oft in ihrem Leben gerade auf Schwachheit und Ohnmacht mit überströmender Gnade und Kraft antworten?

Eine große Bestätigung in dieser Hoffnung sind für sie die Exerzitien, die der Franziskanerpater Alexis Prou im Oktober 1891 gibt. Von ihm fühlt sie sich so gut verstanden wie nie zuvor von einem Priester: „Meine Seele war wie ein Buch, in dem der Pater besser zu lesen verstand als ich selbst... Mit geblähten Segeln schickte er mich hinaus auf die Fluten des *Vertrauens* und der *Liebe,* die mich so heftig verlockten, auf denen voranzuschreiten ich aber nicht wagte... Er sagte mir, *meine Fehler betrübten* den lieben Gott nicht und dass er *an Gottes Stelle* mir in *seinem Namen* sagte, Er sei sehr zufrieden mit mir... Oh, wie glücklich war ich bei diesen tröstlichen Worten!... Niemals zuvor hatte ich vernommen, dass es Fehler gibt, die *den lieben Gott nicht betrüben.* Diese Versicherung erfüllte mich mit Freude, sie ließ mich die Verbannung dieses Lebens mit Geduld ertragen... “ (Ms A 80v).

Wieviel Kraft die Gnade für sie bereithält, stellt sie immer wieder fest, etwa im Winter 1891/1892, als eine schwere Grippeepidemie das Kommunitätsleben fast vollständig lahmlegt und eine nach der anderen Schwester dahinrafft. Therese aber als eine der wenigen Gesunden muss überall helfen, einspringen und die Sterbenden versorgen. Dafür erhält sie die Erlaubnis, täglich zu kommunizieren – und tatsächlich, sie, die einst so Zarte, bewältigt alles auf fast wunderbare Art und Weise (vgl. Ms A 79r; CG 649, 658). So vergehen die drei Jahre seit ihrer Profess, 1890 bis 1893, und trotz allen geistlichen Wachstums stellen sie doch wegen ihrer beständigen Trockenheit und vor allem wegen der Krankheit ihres Vaters für sie „die dunklen Jahre“ (CG 615) dar.

Daneben begleitet sie weiterhin das Leben ihrer Lieben außerhalb der Karmelmauern. Da ist zum einen das Gebet für die Sünder und für die Priester. Sie betet um die Bekehrung eines abgefallenen Karmeliten namens Hyacinthe Loyson, dessen Vortragsreisen denen eines heutigen ausgemachten Kirchen-„Kritikers" in nichts an Häme nachstehen, und wird für dieses Anliegen noch ihre letzte Kommunion aufopfern. Was wird aus Céline? Ein Ordenseintritt ist in weite Ferne gerückt, denn die Verpflichtungen gegenüber dem Vater gehen vor. Doch ein erster Heiratsantrag an die hübsche, lebendige und charaktervolle junge Frau genau am Tag von Thereses Karmeleintritt führt ihr genau das vor Augen, was sie, überzeugt von Célines Berufung, niemals dulden könnte: „Das war das einzige, was ich niemals hätte akzeptieren können" (Ms A 82r).

Eine Frühlingsblume – Therese im Priorat von Mutter Agnès

Längst hat Therese das verwirklicht, was sie schon lange vor ihrem Klostereintritt gewusst hatte: Sie ist nicht Karmelitin, um mit ihrer geliebten Pauline wieder vereint zu sein, sondern allein um Gottes willen. Am 20. Februar 1893 aber wird Schwester Agnès zur Priorin gewählt. Völlig unerwartet wird sie von neuem und in einem ganz übernatürlichen Sinn wieder Thereses „Mutter". Sie kennt ihre jüngste Schwester und ihren Zögling besser als alle anderen und überträgt der jungen Karmelitin bald einige anspruchsvolle Aufgaben, z. B. das Fresko des Krankenoratoriums zu malen, die Ökonomin zu unterstützen (CG 685 und 728) und innerhalb der Klausur die Gegenstände entgegenzunehmen, die durch die Winde in das Kloster gelangen sollten. Vor allem aber wird ihr nicht dem Namen, aber der Sache nach das Noviziat anvertraut. Denn nach dem

Karmelbrauch übernimmt die bisherige Priorin die Ausbildung der Novizinnen. Dieses Mal aber wird Mutter Marie de Gonzague Therese durch Mutter Agnès als Gehilfin zur Seite gestellt – eine für die junge Schwester alles andere als leichte Aufgabe, bedenkt man den Unterschied zwischen den beiden Priorinnen, was Alter, Charakter und manche Überzeugung hinsichtlich des Ordenslebens angeht. In gewisser Weise kann sich bald aber ihr Herz ungeteilt dem Leben der Kommunität zuwenden. Denn am 29. Juli 1894 stirbt Louis Martin. Der eigentliche Schmerz um seine Krankheit und seinen physisch-geistigen Verfall ist längst ausgestanden, nun erfüllt sie nur noch die Gewissheit seiner Erhöhung im Himmel – eine Erfahrung, die viele Angehörige eines nach langer Krankheit Verstorbenen machen: „Papas Tod machte auf mich nicht den Eindruck eines Todes, sondern eines wirklichen Lebens. Nach sechsjähriger Abwesenheit finde ich ihn wieder. Ich fühle, wie er um mich herum ist, mich anschaut und mich beschützt" (LT 170). Nun aber ist auch Céline frei, und schon 10 Tage nach dem Heimgang des Vaters bittet sie um die Zulassung zum Karmel in Lisieux. Am 14. September tritt sie als Schwester Geneviève ein.

Fast nebenbei beginnt in dieser Zeit Thereses literarische Tätigkeit. Das „nebenbei" ist durchaus wörtlich zu nehmen: Sie hat im Höchstfall mittags nach der Rekreation eine Stunde Zeit und dann wieder abends vor dem Zubettgehen. Zunächst sind es kleinere Anlässe wie Namenstage oder Professfeiern einzelner Schwestern, zu denen sie Verse verfasst, die nach bekannten Melodien zu singen sind. Im Laufe der Zeit entstehen auf diese Weise 54 Gedichte, darunter auch einige bemerkenswertere Werke geistlicher Poesie wie „Von Liebe leben" und „Warum ich dich liebe, Maria". Dasselbe gilt auch von den 21 erhaltenen Gebeten, die sie für andere verfasst hat. Geistliches Theater hatte im Karmel, der darin seine spanisch-barocke Prägung deutlich verrät, einen festen Platz. So verfasste auch Therese insgesamt acht Theaterstücke, die die Novizinnen zu Weihnachten, zum Namenstag der Priorin oder anderen Anlässen spielten und sangen. Jeanne d'Arc, die „Jungfrau von Orléans", der heilige Jesuitennovize Stanislaus Kostka, das Jesuskind auf der Flucht nach Ägypten, Weihnachten und der „Triumph der Demut" sind die Themen dieser zu Unrecht wenig bekannten umfangreichen Schriften Thereses.

Briefe hat Therese seit ihren Kindertagen geschrieben. 266 sind es insgesamt, die erhalten und in zwei dicken Bänden gesammelt sind. Manche stellen wahre Traktate der Frömmigkeit dar, manche ergreifende Zeugnisse des Mitgefühls, des Trostes und der Ermutigung. Eine Sonderstellung hinsichtlich der Adressaten nehmen die Briefwechsel mit zwei angehenden Priestern und Missionaren ein, die ihrem Gebet und Opfer anvertraut worden sind und mit denen sie daraufhin auch etliche Briefe austauschen darf: der Seminarist Maurice Bellière und der Neupriester und Chinamissionar Adolphe Roulland.[7]

Übertroffen wird dies alles aber durch ihr Meisterstück, die „Geschichte einer Seele", die in Deutschland auch unter dem ein wenig prosaischen Titel „Selbstbiographische Schriften" bekannt ist. Angeregt von der Erzählung einiger Begebenheiten aus dem Kreis der Familie und von Eindrücken aus der Kindheit Thereses, gab Mutter Agnès ihr im Winter 1894/1895 den Auftrag, ihre Erinnerungen niederzuschreiben. Durch das ganze Jahr 1895 hindurch entstanden nun zunächst ihre Erinnerungen mit dem Schwerpunkt von Kindheit und Jugend. Im Juni 1897 setzte sie diese mit einer etwas kürzeren Schrift über ihre geistlichen Einsichten im Karmel fort. Der „kleine Weg", ihre Glaubensprüfung und die Nächstenliebe bilden wich-

[7] Therese von Lisieux, Mein lieber kleiner Bruder. Briefwechsel mit zwei Missionaren. Übersetzt aus dem Französischen von Anja Schulze. Eingeleitet von Andreas Wollbold. Hg. vom Theresienwerk e. V., Würzburg 2006.

tige Themen. Posthum hat man später auch zwei Briefe an Marie (Schwester Marie du Sacré-Cœur) mit ihren Erleuchtungen aus den Exerzitien vom September 1896 hinzugefügt, worin es um ihre Berufung im Herzen der Kirche und den „kleinen Weg" geht. Es gibt wohl nur wenige geistliche Schriften mit persönlichen Erinnerungen, die so frisch und lebensnah das Wirken der Gnade geradezu mit Händen greifen lassen. Ganz zu Recht ist die „Geschichte einer Seele" darum eines der am meisten gelesenen und übersetzten geistlichen Bücher geworden. An dieser Stelle seien schließlich auch bereits Thereses „Letzte Gespräche" erwähnt, also Aufzeichnungen von Thereses Worten auf dem Krankenbett zu Mitschwestern, besonders Mutter Agnès.

Geistlich stellen die Jahre des Priorates von Mutter Agnès für Therese den Durchbruch ihrer entscheidenden Erkenntnisse dar. Was ihr immer schon vor Augen stand, wird ihr anhand zweier Bibelworte zur Gewissheit: „Wenn einer ganz klein ist, dann komme er zu mir" (Spr 9,4) und „Wie eine Mutter ihr Kind liebkost, so will ich euch trösten; an meiner Brust will ich euch tragen und auf meinen Knien wiegen" (Jes 66,12f.). Sie darf sich also auf das verlassen, was sie immer schon gehofft hat: Der Herr weist einen Menschen voll guten Willens, der sich aber zu klein und schwach für außergewöhnliche Taten fühlt, nicht zurück. Im Gegenteil, gerade für die Kleinen ist er ja der Heiland! Das ist selbstverständlich keine „neue" Spiritualität, sondern sie entdeckt darin für sich die grundlegende Wahrheit der Seligpreisungen: „Selig die Armen im Geiste, denn ihnen gehört das Himmelreich" (Mt 5,3).

Wie ein Siegel auf den kleinen Weg ist ihre „Weihe an die barmherzige Liebe" vom Dreifaltigkeitsfest 1895. Einer Eingebung folgend weiht sie sich mit Erlaubnis der Oberin zusammen mit Céline dem barmherzigen Wirken Gottes, dessen Fluten sie restlos erfüllen sollen. Durch diese Weihe relativiert sie nicht die göttliche Gerechtigkeit, wie es oft dargestellt wird, sondern sie findet darin einen Weg, den gleichen Heroismus verwirklichen zu können wie andere Schwestern, die sich der göttlichen Gerechtigkeit weihten. Denn im Herzen dieser Weihe steht die Spannung zwischen ihrem unendlichen Verlangen nach Heiligkeit und der eigenen Kleinheit und Schwachheit. Ihre Weihe ist also ein Akt kühnen Vertrauens in die Wirkmacht der göttlichen Gnade, die einen Menschen trotz all seiner Widrigkeiten und Begrenzungen vollständig umwandeln kann.

Passion und Vollendung

Thereses Gesundheit war nie die beste. 1894 mehren sich jedoch die Anzeichen einer chronischen Erkrankung. Halsschmerzen und Heiserkeit können harmlos sein, aber erste Sorgen macht sich die Familie innerhalb und außerhalb des Karmels eben doch. Unausgesprochen schleicht sich ein schrecklicher Verdacht ein: Lungentuberkulose. Noch aber ist nichts gewiss, und das Leben der Karmelitin geht ungeschmälert weiter. Gelegentliche Andeutungen, dass ein Engel wie sie nicht lange auf der Erde bleiben könne, lassen alles in der Schwebe, denn sie sind in frommen Gesprächen dieser Zeit häufig, ohne eine Anspielung auf eine schwere Krankheit sein zu müssen.

In der Nacht auf Karfreitag 1896 erleidet Therese einen ersten Blutsturz, in der Nacht darauf einen zweiten. Nun ist es gewiss: offene Tuberkulose, damals unheilbar. Äußerste Schonung, Luftkuren und aufwendige Behandlungen hätten vielleicht eine Wendung, zumindest einen Aufschub bewirken können. Aber die 23-Jährige ist bereit für die ewige Heimat, und sie will um keinen Preis die geliebte Lebensweise des Karmel abmildern. Zunächst werden nur Mutter Marie de Gonzague und die Krankengehilfin, Schwester Marie de la Trinité, ins Vertrauen gezogen. Der bald darauf konsultierte junge Arzt, Francis La Néele, der

Mann ihrer Kusine Jeanne, bleibt mit der Diagnose vage und verordnet bloß einige Hausmittel. So geht Thereses Klosterleben über ein Jahr lang unverändert weiter, bis sich ihr Zustand Anfang April 1897 dramatisch verschlechtert und sie im Mai von allen Aufgaben entbunden wird. Am 8. Juli wird sie auf die Krankenstation verlegt – das Ende kommt in raschen Schritten näher.

Die Vereinigung mit der Passion des Heilandes an den Kartagen 1896 ergreift aber nicht nur ihren Leib. Am Ostertag überfällt sie auch die wohl schwerste Prüfung ihres gesamten Lebens, die Glaubensprüfung. Deren Anfechtungen verlassen sie bis zur Todesstunde nicht. Als sie die Gewissheit hatte, bald sterben zu müssen, war ihre erste Antwort darauf eine große Liebe und die Freude auf den Himmel. Aber plötzlich umgibt sie „die dichteste Finsternis“ (Ms C 5v). Zunächst bedrängten sie wohl Zweifel, ob sie denn überhaupt in den Himmel kommen würde. Bald weiteten diese sich auf die Frage aus, ob es den Himmel überhaupt gibt. Es ist wie ein dichter Nebel, ja eine Mauer, die bis zum Himmel emporragt und ihn verdeckt (Ms C 7v). Was sie im Lauf der Jahre als aufmerksame Zuhörerin an Glaubensleugnung und Lästerung von Atheisten und Kirchenfeinden gehört hat, drängt sich nun ihr selbst auf: Ist nicht der Glaube eine Illusion, wenn die materialistische Wissenschaft alles auf natürliche Weise wegbeweisen kann? Aber mitten in dieser Glaubensprüfung ein neues Wunder: Therese hält all diesen heftigsten Anfechtungen vollkommen stand. Sie ist zwar nicht imstande, sie zu vertreiben, aber sie ist doch gewiss, dass ihr göttlicher Bräutigam ihr treu bleibt. Als Zeichen dieser Treue bewahrt sie auf dem Grund ihrer Seele allezeit einen tiefen Frieden. Daran erkennt sie: Selbst angesichts ihrer äußersten Erniedrigung ist der kleine Weg tatsächlich auf Fels gebaut.[8]

---

[8] Emmanuel Renault, L'épreuve de la foi. Le combat de Thérèse de Lisieux. Avril 1896 - 30 septembre 1897, Paris ^{2}1991.

Nach und nach bricht die Krankheit die Kraft der jungen Frau. Alle Symptome der offenen Tuberkulose stellen sich ein, teilweise verbunden mit hohem Fieber und schwersten Schmerzen. Nach und nach muss sie das Gemeinschaftsleben aufgeben. Der Doktor schlägt zuletzt Morphiumspritzen vor, doch Mutter Marie de Gonzague erlaubt allenfalls einen morphinhaltigen Sirup zu einer gewissen Schmerzlinderung. Dies tat sie jedoch nicht, um Therese mehr leiden zu lassen (bei ihrem eigenen Sterben lehnte sie dieses Schmerzmittel später ebenfalls ab), sondern weil sie dieses damals noch wenig gebräuchliche Mittel wie viele Zeitgenossen wegen möglicher Nebenwirkungen nicht zulassen wollte (vgl. CJ 10.9.1+a).

Die „Letzten Gespräche" aus den folgenden Monaten, meist kurze Worte und Gesten, sind ein ergreifendes Dokument ihres Kampfes, ihres Trostes für andere und einer unwahrscheinlichen und gerade darum so anrührenden Fröhlichkeit. Hier kann man das Sterben einer Heiligen Tag um Tag beobachten. Mehrmals glaubt sie ihr Ende schon nahe, aber sie muss den Kelch des Leidens bis zum Ende trinken. Abbé Faucon erinnert sich später an seinen Eindruck, als er ihr am 29. September die letzte Beichte abnimmt: „Ich trat in das Krankenzimmer wie in ein Heiligtum ein. Als ich sie sah, wurde ich von einer tiefen Ehrfurcht ergriffen. Inmitten ihrer Leiden war sie so schön und so ruhig, dass sie schon im Himmel zu sein schien" (PA 423). Am Abend des 30. September tritt schließlich der Bräutigam an ihr Lager. Therese schaut auf ihr Kruzifix und spricht mit letzter Kraft: „Oh, ich liebe ihn!... Mein Gott, ich liebe dich!" (CJ 30.9.). Dann haucht sie ihr Leben aus.

Therese verstehen

Die Frage nach den Quellen

Jede ernsthafte Beschäftigung mit einer Gestalt der Geschichte beginnt mit der Frage nach den Quellen. Aus welchen Dokumenten und Zeugnissen kann eine zuverlässige Kenntnis über sie geschöpft werden? Bei Therese ist die Quellenlage auf den ersten Blick ausgezeichnet. Von kaum einem kanonisierten Heiligen existieren so viele Zeugnisse aus erster Hand und noch mehr aus ihrem unmittelbaren Umfeld. Sie sind so umfassend, dass man mühelos beinahe jede Woche ihres Lebens rekonstruieren kann. Dennoch – oder gerade aufgrund dieser Fülle – sind bei den wichtigsten Quellen teilweise heftige Diskussionen um ihren Wert entstanden. Überdies muss man feststellen, dass andererseits diese Fülle so erschlagend erscheint, dass umfangreiche und wichtige Texte aus ihrer Hand wie ihre acht Theaterstücke oder selbst ihre Briefe bei einem Großteil der Literatur über Therese allenfalls am Rande wahrgenommen werden. Schließlich fällt ein Defizit auf: Selbst die wissenschaftlichen Textausgaben und die besten Kenner Thereses benutzen zwar diese Quellen reichlich, Thereses Zeit, ihre Kultur und Frömmigkeit bleiben dagegen weitgehend ausgeblendet. So erscheint die kleine Heilige häufig wie eine Lichtgestalt, die losgelöst von ihrer Zeit und ihren Prägungen gedeutet wird. So sind die Quellen mit den um sie entstandenen Diskussionen zunächst vorzustellen, und dann ist kurz auf Therese und ihre Zeit einzugehen.

Innerhalb der Lebensbeschreibung wurden Thereses eigene Schriften bereits kurz vorgestellt. Die alles überstrahlende Sonne ist zweifellos die „Geschichte einer Seele“ (= Ms), auch als „Selbstbiographischen Schriften“ bezeichnet, in der Therese ihr Leben mit Gott beschreibt.[9] Sie ist bis heute eine der meistgelesenen und -übersetzten geistlichen Schriften überhaupt. Mit dem Titel fängt aber bereits die Diskussion an. Als „Geschichte meiner Seele" wollte Therese selbst ihren Bericht verstanden wissen (Ms A 2r, vgl. 4r und 27r), gab ihr jedoch selbst den Titel „Frühlingsgeschichte einer kleinen weißen Blume" (Ms 2r). Mutter Agnès dachte zunächst an „Ein Gesang der Liebe oder der Heimgang eines Engels", aber P. Godefroid Madelaine, der Berater bei der Veröffentlichung, schlug vor: „Geschichte einer Seele, von ihr selbst verfasst. Briefe. Gedichte." „Geschichte meiner Seele", eine solche oder ähnliche Überschrift war bei religiösen Biographien damals gang und gäbe. Doch sie ist alles andere als nichtssagend. „Seele" steht nämlich für das innere Leben, für den Ort in der Mitte einer Persönlichkeit, an dem Gott wirkt, seine Gnaden schenkt, ruft und prüft und an dem dieser Mensch ein Leben lang danach strebt, Gott immer mehr zu erkennen und zu lieben. Sehr deutlich grenzt Therese sich darum von einer eigentlichen Autobiographie ab: „So will ich denn gar nicht eigentlich meine Lebensgeschichte niederschreiben, sondern meine Gedanken über die Gnaden, die der Liebe Gott mir gewähren wollte" (Ms A 3r). Aus diesem Grund ist „Geschichte einer Seele" als Titel sicher gegenüber dem etwas irreführenden Titel „Selbstbiographische Schriften" zu bevorzugen.

Eines trifft die letztgenannte Überschrift freilich besser: Es handelt sich um „Schriften" in der Mehrzahl, genauer gesagt um drei recht unterschiedliche Dokumente. (Die ersten Ausgaben der „Geschichte einer Seele" schlossen sogar noch einige der schönsten Texte aus Gedichten, Gebeten, Theaterstücken und den „Letzten Gesprächen" ein.) Diese drei werden als Manuskript A, B und C (abgekürzt: Ms A, B und C) oder neuerdings von Conrad de Mee-

---

[9] Vgl. Guy Gaucher, L' „Histoire d'une âme" de Thérèse de Lisieux, Paris 2000.

ster auch als Ms A(gnès), Ms M(arie) und Ms G(onzague) bezeichnet und zitiert.

Das Manuskript A (= Ms A) ist mit 85 eng und doppelseitig beschriebenen Seiten eines einfachen Heftes von 22,5 x 17,5 cm am umfangreichsten (eigentlich waren es ursprünglich 3 dünnere Schulhefte, die Therese nach Vollendung ihres Werkes zu einem Heft zusammenband). Es ist hauptsächlich im Lauf des Jahres 1895 abends zwischen 20 und 21 Uhr entstanden und am 20. Januar 1896 zum Vorabend von Mutter Agnès' Namenstag überreicht worden. In ihm findet sich Thereses religiöse Entwicklung in Kindheit, Jugend und in den Jahren im Karmel.

Der Anlass für diese unübliche Niederschrift der persönlichen Erinnerungen ist uns überliefert, so etwa von Marie du Sacré-Cœur: „An einem Winterabend nach der Matutin saßen wir mit Schwester Therese, Schwester Geneviève und unserer Ehrwürdigen Mutter Priorin Agnès de Jésus in der Wärmstube zusammen. Schwester Therese erzählte uns zwei oder drei Begebenheiten aus ihrer Kindheit. Da sagte ich zu unserer Mutter Oberin, Agnès de Jésus: ‚Ist es möglich, dass Sie ihr auftragen, kleine Gedichte zu machen, nur um der einen oder anderen Freude zu machen, sie uns aber nichts von ihren Kindheitserinnerungen aufschreibt? Sie werden sehen, es ist ein Engel, der nicht lange auf Erden bleiben wird, und dann haben wir all diese Einzelheiten verloren, die für uns doch soviel Bedeutung haben.'" Nach diesem Bericht handelt es sich also um Kindheitserinnerungen oder, wie die leiblichen Schwestern sie anderswo nennen, einen „Kindheitsbericht", „Familienaufzeichnungen" und „-erinnerungen".

Auch wenn diese Aufzeichnungen tatsächlich mehr als andere den Duft familiärer Innigkeit atmen, deutet sich doch ein ernsterer Hintergrund bereits an. Im Winter 1894 mehren sich Anzeichen, dass Thereses nie ganz robuste Gesundheit in gefährlicher Weise angegriffen ist. Ein möglicher früher Tod erscheint nicht ausgeschlossen. Gleichzeitig sind alle leiblichen Schwestern Thereses, gewiss aber auch ein Großteil der Karmelitinnen bereits davon überzeugt, dass sie mit ihr eine ganz und gar außergewöhnliche junge Mitschwester in ihren Reihen haben. Unausgesprochen dürfte also bereits bei diesem Auftrag zur Niederschrift ihrer Erinnerungen deren weitere Verbreitung nach ihrem Tod (etwa in Form eines ausführlichen Totenrundbriefes oder Buches) im Bereich des Möglichen gelegen haben. Damit erkennt dieser Auftrag bereits ihren außergewöhnlichen Weg und ihre ebensolche Begnadung an, und auf diesem Hintergrund versteht man besser, warum Therese immer wieder die Barmherzigkeit Gottes gegenüber ihrer eigenen Schwachheit hervorhebt. „Das muss gedruckt werden! Sie werden sehen, dass das später einmal von Nutzen sein wird!“, rief denn auch Schwester Geneviève aus, die das Werk als erste gelesen hat. Wenn also die Schwestern von bloß in der Familie bleibenden Kindheitserinnerungen sprechen, darf man sich doch nicht vom implizit Mitgesagten ablenken lassen – die damalige Konversation war ja generell viel weniger explizit als heute und verstand die Kunst der Andeutungen meisterhaft. Für ein bloß privates, die eigene Familie verherrlichendes Erinnerungsstück viele Monate einer Karmelitin zu beanspruchen hätte auch dem Geist des Karmels, der Verborgenheit, Demut und Armut, widersprochen. Zudem hat Therese ihre leiblichen Schwestern wiederholt darauf hingewiesen, dass sie im Karmel eben nicht mehr einfach im Kreis der Familie sind und sich nicht dementsprechend verhalten können.

Manuskript B (= Ms B) ist eigentlich ein zehnseitiger Brief vom September 1896, in dem Therese für ihre älteste Schwester Marie einen Traum vom 10. Mai 1896 wiedergibt und vor allem ihre Einsichten aus den Exerzitien im September 1896 zum kleinen Weg zusammenfasst. Er besteht aus zwei Teilen, einer kürzeren Einleitung an Marie und einem Bericht, der sich in Dankbarkeit unmittelbar an Jesus wendet. Dieser enthält zunächst den Traum von der Mutter Anna de Jesús (Anna de Lobera), einer Gefährtin der hl. Teresa von Avila und der Gründerin des reformierten Karmel in Frankreich. Voll Liebe erscheint Mutter Anna Therese, bedeckt sie mit ihrem Schleier und bestätigt ihr, dass Jesus ganz zufrieden mit ihr ist. Sodann stellt Therese ihren kleinen Weg bzw. ihre „kleine Lehre“ (Ms B 1v) dar: die Berufung zur Liebe im Herzen der Kirche und ihr Leben, das in aller Schwachheit wie das eines Kindes oder eines kleinen Vogels eben dieser Liebe geweiht ist. Man könnte den Text eigentlich unabhängig von der „Geschichte einer Seele“ im Rahmen einer Ausgabe der Briefe wiedergeben. Angesichts seiner herausragenden Bedeutung und Bekanntheit und seiner Verbindung zu den beiden Lebenserinnerungen erscheint aber auch Conrad de Meesters Lösung, ihn als Anhang zur „Geschichte einer Seele“ darzubieten, nachvollziehbar, wenn auch nicht zwingend notwendig.

Das Manuskript C (= Ms C) stellt dagegen eine ausdrückliche Fortsetzung des Manuskriptes A dar, geschrieben angesichts des nahen Todes in ein kleines schwarzes Heft (19,5 x 15 cm) im Juni und Juli 1897. Es ist nun aber an Mutter Marie de Gonzague gerichtet, da sie im Sommer 1897 wieder die Priorin war. Auf 36 Doppelseiten beschreibt Therese die Entdeckung ihres kleines Weges, ihre Glaubensprüfung seit Ostern 1896, eine ins Auge gefasste Versetzung in den Missionskarmel nach Hanoi, vor allem aber ihre Einsichten und Erlebnisse zur Bedeutung der Nächstenliebe. Dabei kommt sie auch auf ihre Aufgabe bei der Führung der Novizinnen und gegenüber den zwei angehenden Missionaren zu sprechen.

Von der „Geschichte einer Seele“ liegen gleich mehrere neuere Ausgaben vor, von denen insbesondere die der „Edition du Centenaire“ sowie die von Conrad de Meester zu empfehlen sind. Auf der Grundlage des Originaltextes gibt es derzeit nur eine deutsche Übersetzung; der Autor dieses Buches bereitet eine neue, kommentierte Ausgabe vor. Sprache und Stil des gesamten Werkes werden nicht selten als zeitbedingt, literarisch anspruchslos, romantisch-süßlich und insgesamt als deutlich von den schwierigen Arbeitsbedingungen gezeichnet beurteilt. Ein starker Inhalt also, aber eine schwache Form? Jeder Leser kann sich darüber selbst ein Bild machen. Wer aber diese Seiten für sich sprechen lässt, wird sich darin am wunderbaren Erzähltalent Thereses ebenso freuen wie an jenem unvergleichlichen Duft einer Zartheit und Wärme, den man in der heutigen geistlichen Literatur weithin vergebens sucht.

Die heftigsten Diskussionen um die „Geschichte einer Seele" wurden mit der Veröffentlichung des authentischen Textes 1956 ausgelöst.[10] Bis dahin nämlich verbreitete der Karmel von Lisieux die von Mutter Agnès sowie, was oft übersehen wird, vom priesterlichen Berater der Veröffentlichung, P. Godefroid Madelaine, und von Mutter Marie de Gonzague aufbereitete Fassung. Auch Schwester Marie du Sacré-Cœur, Schwester Geneviève und bei der eigentlichen Durcklegung Onkel Isidore Guérin nahmen in gewissem Umfang Einfluss. 1956 jedenfalls konnte sich jeder Leser nun anhand von wertvollen Faksimile-Drucken ihrer Handschriften und sorgfältig erstellter Druckausgaben davon überzeugen, dass man bisher an vielen Stellen korrigierend eingegriffen hatte; unglücklicherweise wurde fast ausschließlich Mutter Agnès de Jésus dafür als „Schuldige" ausgemacht.

So finden sich in den drei Manuskripten zunächst etwa 1.000 Korrekturen in den Originalen selbst. Etwa die Hälfte davon stammt noch von Thereses eigener Hand, als in ihren letzten Monaten immer deutlicher von einer Veröffentlichung der Manuskripte und von Passagen aus Briefen, Gedichten und Theaterstücken die Rede war. Zumeist handelt es sich bei diesen Korrekturen um die Ausbesserung

[10] Manuscrits autobiographiques de sainte Thérèse de l'Enfant-Jésus. Hg. von François de Sainte-Marie. 3 Bde. und Faksimile, Lisieux 1956.

von Rechtschreib- und Großschreibungsfehlern und um die Wahl eines Synonyms, nachdem sie vom ursprünglich gewählten Wort bereits den ersten oder zweiten Buchstaben geschrieben hatte. Die andere Hälfte der Korrekturen stammt von ihren Schwestern Marie und Pauline. Diese brachten im Blick auf die Veröffentlichung am 21. Oktober 1898 zunächst eine meist bloß stilistische Kosmetik an; inhaltlich bedeutsam ist nur die Umwidmung der gesamten Schrift an die amtierende Priorin, Mutter Marie de Gonzague. Umgekehrt versuchten sie dann, das Original für den Schriftenprozess von 1910 – bei der Vorbereitung einer Seligsprechung müssen alle Schriften im Original vorgelegt werden – möglichst genau wiederherzustellen. Substantiellere Eingriffe nahm man aber in Vorbereitung der Druckfassung vor, genauer gesagt mehr als 7.000 Korrekturen. „Hinzufügen, beschneiden und einteilen“ lautete der Grundsatz, der übrigens von einer entsprechenden Erlaubnis Thereses gedeckt war. Hinzugefügt ist außer einigen Überleitungen oder kurzen Erläuterungen freilich wenig, beschnitten dagegen recht viel, neben Stilistischem und neben Anpassungen aufgrund der Adressierung an Mutter Marie de Gonzague auch manche familiäre Episoden, manche gewagte Formulierung oder auch Details, die den Leser nach Paulines Urteil etwas beirren konnten. So wussten die Leser der alten „Geschichte einer Seele“ noch nichts davon, dass Therese als etwa 4-Jährige abends nach dem Abendessen einen Schluck Wein erhielt (vgl. Ms A 6v), oder von den teilweise harten Formulierungen bei der Beschreibung ihrer Glaubensprüfung.

Schließlich wurde das gesamte Buch in 12 Kapitel eingeteilt. All das ist nicht unbedeutsam, aber eine genaue Prüfung dieser Varianten und Eingriffe erweist alles doch als durchaus im Rahmen des Üblichen für eine Veröffentlichung zur damaligen Zeit. Im Jahre 1898 war es vollkommen legitim, das eine oder andere dem Charakter einer Buchveröffentlichung anzupassen. „Für eine Veröffentlichung macht man immer ein wenig Toilette," meinte später sogar der Vizepostulator im Kanonisierungsprozess. Dass etwa eine alte Mitschwester im Karmel während der stillen Betrachtungszeit nicht andauernd mit ihren Fingern an die Zähne stieß, sondern nur mit dem Rosenkranz klapperte, war ja nichts anderes als eine sehr einfühlsame Rücksichtnahme gegenüber dieser Schwester.

Nichts hätte Therese selbst ja ferner gelegen als jemanden bloßzustellen oder der Lächerlichkeit preiszugeben. Wenn nun bisweilen an Mutter Agnès der Vorwurf erhoben wurde, sie habe durch ihre Korrekturen Thereses Leben und Lehre nach ihren eigenen Vorstellungen umgeformt und sie dadurch verfälscht, so ist das eindeutig übertrieben. Bereits mit den ersten Ausgaben der „Geschichte einer Seele" konnte jeder Leser ein authentisches Bild Thereses gewinnen. Solche Vorwürfe stehen vielmehr in der Regel im Dienst an einer massiven Umdeutung Thereses selbst: Sie soll aus ihrer Zeit herausgelöst werden, für die Pauline steht, und zu einer geistlichen Revolutionärin stilisiert werden. Damit sind jedoch eindeutig Thereses Aussagen verraten.

So erschien also genau ein Jahr nach dem Tod der jungen Karmelitin nicht nur der übliche Totenrundbrief, sondern ein insgesamt 496-seitiges Buch, die „Geschichte einer Seele". 2000 Exemplare betrug die Startauflage, und Onkel Guérin übernahm die Druckkosten – ein gewagtes Unternehmen, bedenkt man, dass nur etwa 200 Exemplare an befreundete Klöster, Geistliche und Angehörige verschickt wurden und der Rest verkauft werden musste. Lebensbeschreibungen vorbildlicher Ordensschwestern, gerade auch jung verstorbener, waren damals zwar beliebt, und auch die Karmelitinnen von Lisieux konnten bei einzelnen Schwestern Nachrufe versenden, die statt bloß einer Seite 10, 20, ja selbst 50, 80 oder im Fall der Gründerin, Mutter Geneviève, 126 Seiten umfassten. Aber einer von sieben vergebens wegen der Veröffentlichung angeschriebenen Verlagen wies auf den derzeitigen Verkaufseinbruch bei solchen Büchern hin. „Wie sollen wir das alles denn verkaufen? Wir werden auf diesen Bänden noch sitzenbleiben!", rief eine Karmelitin besorgt aus.

Bischof Hugonin von Bayeux, freilich selber eher ein Freund gelehrter philosophisch-theologischer Traktate, hatte für P. Godefroid Madelaine, der ihn um das Imprimatur gebeten hatte, offensichtlich nicht viel übrig: „Mein lieber Pater, misstrauen Sie der Phantasie der Frauen!" Doch wie bekannt, ist das Buchprojekt nicht an dieser raunzigen Antwort gescheitert, und anstatt für schwer verkäufliche Exemplare ein Kellerzimmer im Kloster freizuräumen, mussten innerhalb weniger Jahre mehrere Karmelitinnen von Lisieux zur Beantwortung von Briefen und zu Gesprächen mit Besuchern aus den wachsenden Pilgerströmen freigestellt werden. Ein „Sturm der Verehrung" (Pius XI.) brach los, der Therese bis zur Seligsprechung 1923, zur Heiligsprechung 1925 und zur Erhebung zur Patronin der Weltmission 1927 trug.

Angesichts der überragenden Bedeutung dieser drei Manuskripte treten die weiteren Zeugnisse aus Thereses eigener Hand, obwohl quantitativ deutlich umfangreicher, meistens eher in den Hintergrund oder bleiben sogar ganz ungenutzt. Dabei vermögen sie das Theresebild durchaus mit eigenen und andersgearteten Strichen zu versehen. Das gilt vor allem für die 266 Briefe von ihrer Hand, davon 228 im Autograph (= CG; Thereses Briefe LT, die ihrer Briefpartner LC und diejenigen, die sich auf Therese beziehen, LD). Etwa 150 Briefe dürften verlorengegangen sein, insbesondere leider fast alle Briefe an den Jesuitenpater Almire Pichon, dem sie monatlich über ihr geistliches Leben berichtete. Die Briefe sind umso wertvoller, als größtenteils auch die Antworten ihrer Korrespondenten – zu 78 Prozent aus ihrer Familie – sowie die Briefe, die von Therese handeln, vorhanden sind. Letztere sind bisher nur in der französischen Ausgabe abgedruckt, aber eine deutsche Gesamtausgabe soll in den nächsten Jahren erscheinen.

Für die Jahre bis zum Karmeleintritt bilden die Briefe die einzige Quelle für viele Ereignisse und Entwicklungen, die aus der „Geschichte einer Seele" nicht bekannt sind oder doch wenigstens mit anderen Akzenten versehen sind. Am auffälligsten ist aber die Diskrepanz zwischen den hier und dort erwähnten Episoden. Man gewinnt den Eindruck, dass Therese klar zwischen dem geschieden hat, was in ihrer eigenen Seele vorging und was sie im Nachhinein in der „Geschichte einer Seele" berichtet, und dem, was sie anderen, selbst Nahestehenden, aktuell in Briefen mitteilte. In den Karmeljahren enthalten ihre Briefe oft regelrechte kleine Traktate über das geistliche Leben. So ist etwa der ausführliche Briefwechsel mit Céline in den schweren Jahren der Krankheit des Vaters bis zu deren Eintritt ins Kloster sowie der mit den beiden angehenden Missionaren Maurice Bellière und Adolphe Roulland bemerkenswert. Überhaupt tritt in ihnen die geistliche Reife, die Formulierungskunst, der klare Blick und die hohe Einfühlungsgabe Thereses eindrucksvoll zu Tage. Die Briefe wurden erstmals 1948 durch den Historiker und großen Thereseforscher André Combes ediert; heute liegen sie mustergültig in der zweibändigen Ausgabe der „Edition du Centenaire" von 1972–1974 bzw. der „Nouvelle Edition du Centenaire" von 1992 vor.

Gedichte zu persönlichen Anlässen zu verfassen und zu verschenken war bei Familien wie den Martins guter Brauch. Pauline hatte bereits in dieser Kunst sehr geglänzt. Therese dagegen wird erst im Karmel dazu aufgefordert, und weil man ihr Talent bald erkannte, hat sie es in ihren letzten fünf Lebensjahren zwischen Februar 1893 und Mai 1897 auf 54 abgeschlossene und acht unvollendete oder ihr nicht sicher zuzuschreibende Gedichte gebracht (= PN).[11]

[11] Maximilian Breig (Hg.), Gedichte der heiligen Theresia von Lisieux. Eine

Da von einer Karmelitin verfasst, hatten auch diese Texte gleichzeitig Freude zu machen und zu erbauen. Ihr Inhalt ist stets geistlich und ist oft einer besonderen Vorliebe der Adressatin oder dem Anlass in der Kommunität entnommen. Vor allem für Thereses Bild von Maria, den Heiligen und Glaubensgeheimnissen wie der Eucharistie oder dem Herzen Jesu sind sie von unschätzbarer Bedeutung. Neben manchen rasch geschriebenen Gelegenheitsgedichten finden sich darunter wahre Meisterwerke wie „Von Liebe leben" (PN 17), „An das heiligste Herz Jesu" (PN 23), „Jesus allein" (PN 36), „Meine Waffen" (PN 48) und „Warum ich dich liebe, Maria" (PN 54). Eigentlich sind die Gedichte Lieder, genauer sie verwenden bekannte Melodien und unterlegen ihnen einen neuen Text. Leider sind deren Noten derzeit nicht zu erhalten, so dass man sich mit diversen musikalischen Neuschöpfungen im heutigen Geschmack zufriedengeben muss.

Verwandt mit diesem Genre sind die acht Theaterstücke oder exakter die „Geistlichen Stücke für die Rekreation" (= RP).[12] Schon die hl. Teresa von Avila liebte kleine geistliche Theaterstücke zu Festen der Karmelfamilie, und seitdem ist es guter Brauch der Karmelitinnen, dass insbesondere die Karmeljugend aus dem Noviziat solche Stücke aufführt oder gar selbst entwirft. Im Karmel von Lisieux handelte es sich eher um Singspiele, bei denen Dialoge sich mit Liedern und Chören nach bekannten Melodien abwechselten. Auch als Theaterschriftstellerin ging Pauline ihrer Schwester mit gutem Beispiel voran. Im Januar 1894 erhielt Therese selbst zum ersten Mal anlässlich des Namenstags von Mutter Agnès den Auftrag zu einem solchen Stück.

Bei der Wahl des Stoffes hat sie weitgehend freie Hand, und sie wählt die ihr so nahestehende Gestalt der Jeanne

---

Prosaübersetzung, Leutesdorf 1990.

12 Therese von Lisieux, Theaterstücke. Eingeführt von Andreas Wollbold. Übersetzt von Anja Schulze. Hg. vom Theresienwerk e. V. Augsburg, Leutesdorf 2002.

d'Arc (Johanna von Orléans) und ihre Berufung. Genau ein Jahr später kommt sie wieder auf diese heilige Nationalgestalt aus dem hundertjährigen Krieg zurück und beschreibt ihre Passion und den Tod auf dem Scheiterhaufen. Bei der Aufführung kommt es zu einem Beinahe-Unglück. Die Kleider Thereses, die selbst die Jeanne spielt, fangen Feuer, und für einen Moment ist es ihr, als würde sie selbst den Tod Jeannes erleiden – ein Schlüsselerlebnis für ihre Sehnsucht nach dem Martyrium, der Ganzhingabe und dem Ganzbrandopfer der Liebe. 1896, ebenfalls zum Agnestag, entstand das lebhaft-wilde und zugleich so innige Drama der Flucht nach Ägypten; die Novizinnen entwickelten besonders bei der naturgetreuen Darstellung der Räuberhöhle einen solchen Eifer, dass es Mutter Agnès etwas zu arg wurde und sie das Spiel unterbrach.

Im gleichen Jahr wurde der Heiligen noch ein zweites Mal die Gelegenheit geboten, zum Namenstag der Oberin ein Stück zu verfassen und aufzuführen, nämlich „Der Triumph der Demut" für Mutter Marie de Gonzague am Aloysiustag, dem 21. Juni. Darin spielt das Noviziat sich selbst, genauer die erste Versuchung jedes Christen und jeder Ordensschwester, nämlich die von Hochmut und Stolz. Mit Erschrecken stellen die angehenden Karmelitinnen fest, dass versteckt hinter diesen Fehlhaltungen der Teufel selbst seine Pläne ausführt. Dieses Stück gewann eine Aktualität, die Therese bis ins Mark erschütterte. Die Berichte einer Diana Vaughan, einer Konvertitin von der Freimaurerei zum Katholizismus, die zunächst in das Stück eingeflossen waren, erwiesen sich als Fälschung des Zynikers und Kirchenhassers Léo Taxil. Die heftigen Streichungen der entsprechenden Passagen zeugen noch heute davon, wie sehr sich Therese in ihrem Glauben und Vertrauen durch diese Fälschung verraten gefühlt hat. Diese Episode zeigt Therese in ihrer Glaubensprüfung den brutalen Ernst dessen, was es bedeuten kann, den Glauben zu verleugnen, und macht ihr Opfer, am Tisch der Sünder auszuharren, nur umso heroischer.

Vier Stücke also zum Namenstag der Priorin, und von den vier anderen zwei zu Weihnachten: die Engel an der Krippe (1894), eine Meditation über das Geheimnis des göttlichen Kindes, und „Der göttliche Bettler von Weihnachten" (1895), die Beschreibung der Geschenke jeder Karmelitin für das Jesuskind wie Milch, eine Blume oder Brot. Die zwei restlichen sind die Rekreation „Jesus in Bethanien" für das Fest der Konversenschwestern am 29. Juli 1895, dem Tag der hl. Martha. Diese Schwestern hatten im Kloster die Hauptlast der Handarbeit, und Therese stellt ihnen Martha und Maria Magdalena vor Augen, die Inbilder des tätigen und des beschauliche Lebens, vereint in der Liebe zu Jesus und von ihm in gleichem Maße geliebt. Zum goldenen Professjubiläum einer Mitschwester erschien schließlich am 8. Februar 1897 ein Stück über deren Namenspatron: „Der heilige Stanislaus Kostka".

Ebenfalls zumeist persönlichen Anlässen von Mitschwestern verdanken die 21 Gebete ihren Ursprung (= Pri).[13] Einige davon schrieb sie aber auch einfach für ihren persönlichen Gebrauch. Zweifellos am bekanntesten ist ihre „Weihe an die barmherzige Liebe", zu der sich nach ihrem Vorbild bis heute Hunderttausende entschlossen haben und die von der Kirche auch mit einer besonderen Gutheißung und einem Ablass versehen wurde. Doch auch viele andere Gebete erlauben einen Blick in die Seele der Heiligen, in ihre Frömmigkeit, ihre Sehnsucht und Not, etwa ihr Stoßgebet um die Befreiung von den Ängsten der Skrupulanz als Jugendliche (Pri 1), ihre Wünsche nach Heiligkeit und dem Martyrium am Tag ihrer Profess (Pri 2), ihr inniges Abendgebet vor dem Tabernakel (Pri 7), das „Gebet um Erlangung der Demut" (Pri 20), das an die Rekreation „Der Triumph der Demut" erinnert, bis hin zu ihrem Glau-

---

[13] Therese von Lisieux, Gebete. Eingeleitet und übersetzt von Andreas Wollbold. Hg. vom Theresienwerk e. V., Leutesdorf 1999 (Neuauflage im Paulinus-Verlag Trier).

bensbekenntnis (Pri 19) aus der Not der Glaubensprüfung: „Mein Gott, mit dem Beistand Deiner Gnade bin ich bereit, all mein Blut zu vergießen, um meinen Glauben zu bekräftigen."

Schließlich sind noch einige kleinere Aufzeichnungen aus ihrer Jugend und aus dem Karmel zu erwähnen: Exerzitiennotizen, eine Aufstellung persönlich bedeutsamer Tage, Schulaufgaben, Abschriften aus den Predigten des Abbé Arminjon, die sie und Céline so begeisterten, von ihr mit Texten versehene Andachtsbilder, Erinnerungen an Mutter Geneviève de Sainte-Thérèse, eine Zusammenstellungen von Bibelstellen und verschiedene andere Texte.[14]

So sind die Schriften Thereses weitgehend vollständig erhalten. Weitere Quellen für ihr Leben und ihre Lehre, jedoch von anderer Art, sind die ebenfalls sehr bedeutsamen Sammlungen von Augenzeugen. Unter ihnen ragen drei besonders hervor: Die „Letzten Gespräche" (= DE, darunter am umfangreichsten das „Gelbe Heft" mit den Aufzeichnungen von Mutter Agnès de Jésus: CJ), die Prozessakten der Kanonisierung (= PO und PA) und die Erinnerungen Schwester Genevièves (Céline) (= CSG). Die „Letzten Gespräche" sind wörtliche Aufzeichnungen zumeist kurzer Aussagen Thereses in ihrer schweren Krankheit, im April 1897 begonnen und beinahe täglich bis zu ihrem Tod am 30. September fortgeführt. Mit Abstand am umfangreichsten sind die Gespräche mit Mutter Agnès. Sie sind ergänzt durch die Sammlungen von Schwester Geneviève und Schwester Marie de la Trinité und von einigen anderen sporadischen Zeugnissen. Trotz oder gerade durch ihren fragmentarischen Charakter bilden sie das ergreifende Zeugnis des Sterbens einer Heiligen: tief gläubig, voller Liebe und dabei ganz menschlich in Schmerzen,

---

[14] Therese von Lisieux, Schriften und Aufzeichnungen. Aus dem Nachlaß der Heiligen. Hg. vom Theresienwerk e.V. Augsburg. Übersetzt von Harald Beck. Eingeleitet und kommentiert von Dr. Andreas Wollbold, Leutesdorf 1996. [2]2001.

im Mitgefühl und sogar im Humor, der nirgendwo so überwältigt wie ausgerechnet in den Monaten ihrer Passion.

Was den historischen Wert der „Letzten Gespräche" angeht, hat vor allem Jean-François Six diese als untheresianische Verformungen aus der Hand von Mutter Agnès hinzustellen versucht. Seine Kritik ist jedoch von einem doppelten Vorurteil schwer belastet. Zunächst verfolgt er darin einmal mehr seine fixe Idee, die Spiritualität von Mutter Agnès als die des 19. Jahrhunderts auszugeben, die angeblich „deutlich mehr asketisch denn mystisch ist und ständig das Unrecht gegen Gott betont, das die Karmelitinnen wiedergutmachen müssen" – es ist genauer gesagt ein weit verbreitetes Zerrbild. Ihre Eingriffe gingen nach Six so weit, dass die Gespräche als ernstzunehmende Quelle für die letzte Lebensphase Thereses auszuscheiden seien. Leider hat er sich nie die Mühe gemacht, einmal konkret und detailliert anhand der Aussagen nachzuweisen, wo und in welchem Umfang Mutter Agnès eingegriffen hat, so dass seine Kritik sich letztlich auf das Vorurteil reduziert, aus dem heraus sie entstand. Es ist ja ein unter Historikern durchaus anerkanntes Verfahren, auch Dokumente von Zeitgenossen zu berücksichtigen. Sie wägen deren Zuverlässigkeit ab und ziehen durchaus auch mögliche Tendenzen der Redaktoren in Betracht. Dabei aber – entgegen Six' zweitem Vorurteil – spielt Mutter Agnès wohl eine viel geringere Rolle als... Therese selbst! Denn ihr war vollkommen bewusst, dass sie als gute Katholikin und Karmelitin das Beispiel eines guten Todes geben sollte.

Mit einem gläubigen Sterben kann man anderen viel Gutes tun, daran wollte sich auch Therese halten. Doch umso mehr ist man erstaunt, wie persönlich sie dieses gute Sterben formt: Ungewissheit, Schmerzen, die Versuchung gegen den Glauben, Anlehnungsbedürftigkeit und Dankbarkeit für die kleinsten Dinge, sie machen die „Letzten Gespräche" ja erst zu einem so ergreifenden Dokument. Gerade darin drücken sie auch auf einzigartige Weise den kleinen Weg des Vertrauens und der Liebe mitten in Schwachheit und Not aus. Diese höchstpersönliche Färbung, die dem Leser auf allen Seiten entgegentritt, ist es auch, die am klarsten für die hohe Authentizität der „Letzten Gespräche“ spricht.

Die Prozessakten der Kanonisierung Thereses sind von außergewöhnlichem Wert, weil darin nur wenige Jahre nach Thereses Tod alle, die ihr in irgendeiner Weise nahestanden, unter Eid ausführlich zu allen Aspekten ihres Lebens aussagten. Sie stellen eine Quelle dar, die bis heute vielfach weitgehend ungenutzt bleibt. Sie umfassen zwei ausführliche Bände des Bischöflichen Informativprozesses (PO) und des Apostolischen Prozesses (PA).[15] Frisch, liebenswürdig und vielfältig sind schließlich die Erinnerungen von Schwester Geneviève (Céline) (CSG), hauptsächlich aus Thereses Lehren und Seelenführung im Noviziat, an dem ihre ältere Schwester nach ihrem Klostereintritt 1894 ja auch teilnahm.[16]

Neben diesen Zeugnissen aus erster Hand sind schließlich noch einige bedeutsame Dokumente und Hilfsmittel zu nennen. Hier sind zuerst die Briefe aus dem Kreis der Familie zu würdigen, vor allem die von Zélie (CF) und die wenigen von Louis Martin, daneben aber auch andere, die nicht in die Briefausgabe Thereses aufgenommen wurden, weil sie nicht unmittelbar angeschrieben oder erwähnt wurde; dennoch enthalten gerade sie viele Informationen aus dem Umfeld der Heiligen und über einzelne Episoden und Umstände ihres Lebens. Durch die Seligsprechung der Eltern Thereses ist deren Persönlichkeit und Leben noch stärker ins Bewusstsein getreten. Die Prozessakten ihrer

---

[15] Prozesse der Seligsprechung und Heiligsprechung der heiligen Theresia vom Kinde Jesus und vom Heiligen Antlitz, 2 Bde., Karlsruhe 1993 (frz. Original: Rom 1973 und 1976).

[16] Céline Martin, Therese von Lisieux – Erinnerungen an meine Schwester. Hg. vom Theresienwerk e. V. Augsburg. Mit einem Vorwort von Andreas Wollbold, Leutesdorf 2003.

Seligsprechung enthalten auch für Therese-Kenner noch viele bis dahin unbekannte Informationen.

Daneben sind die 54 von Therese erhaltenen Fotos (= VTL) zu nennen, angefangen von einem (gar nicht lieblichen) Kinderbild bis hin zu einer Aufnahme ihres selig verklärten Antlitzes auf dem Totenbett.[17] Diese Aufnahmen fehlen heute in fast keiner Veröffentlichung über die Heilige, und sie haben vor allem die früher weit verbreiteten Gemälde der Heiligen weitgehend verdrängt. So wertvoll diese Bilddokumente sind, so ist doch auch ein gewisser Vorbehalt gegenüber der Meinung anzubringen, damit nun wirklich das wahre Gesicht Thereses vor Augen zu haben. Wie bei allen Fotos aus der Anfangszeit der Fotografie waren die Belichtungszeiten lang, ja sehr lang, und so mussten die Porträtierten sich arg konzentrieren und in eine bewegungslose Starre verfallen. Dadurch erhält ihre Positur und vor allem ihr Gesicht etwas ungewöhnlich Strenges, ja häufig Melancholisches, was gerade nicht ihrer alltäglichen Erscheinung entsprach. Zudem verstand man Fotos damals noch ähnlich wie gemalte Porträts als etwas Außergewöhnliches, und entsprechend offiziell und stets ein wenig steif ließ man sich ablichten.

So kommt es zum Paradox, dass die Fotos nur scheinbar zeigen, wie Therese wirklich ausgesehen hat, und zumindest ergänzend können die Bilder der ersten Stunde, insbesondere das berühmte, 1911 nach einem allerdings bereits retuschierten Foto gemalte Ölbild Célines von Therese, die das Kreuz im Arm trägt und von ihm Rosenblätter zur Erde sendet („Therese mit den Rosen" nach VTL 45), die Vorstellung von ihrem Aussehen vervollständigen. Dieses äußerst beliebte und viel verbreitete Ovalbild schmückte die ersten Ausgaben der „Geschichte einer Seele" und bildete auch

[17] Therese von Lisieux, wie sie wirklich war. Authentische Photographien. Einleitung und Bildkommentar von P. François de Sainte-Marie, Einsiedeln 1961.

das offizielle Bild bei der Heiligsprechung 1925 in Rom. Zumindest sagte Céline selbst von ihm: „Meiner Meinung nach ist es das Bild, das ihr am meisten gleicht." Weitgehend ungenutzt sind schließlich noch manche Schätze des Archivs des Karmels von Lisieux, insbesondere was den Lebenslauf und das Verhalten der Mitschwestern im Kloster und einzelner Ereignisse der Klosterfamilie angeht.

Zu den Hilfsmitteln gehören schließlich die von den Verantwortlichen in Lisieux und anderen Experten mustergültig und liebevoll herausgegebenen Bildbände über Thereses Leben und über ihre Bilder, die Wortkonkordanz zum leichten Auffinden bestimmter Stellen und die biblische Konkordanz der von Therese verwendeten Stellen aus der Heiligen Schrift. Sehr nützlich ist endlich auch das leider bisher nur spanisch vorliegende Therese-Lexikon.[18]

Der kleine Weg, der Mittelpunkt einer reichhaltigen Lehre

Was als Erstes bei Thereses Lehre auffällt, ist ihre Reichhaltigkeit. Ihre Schriften bilden das Gegenteil dessen, was einen guten deutschen Theologen auszeichnet: ein sogenannter Ansatz, also eine Idee, aus der er ein ganzes System entwickelt. So wird gut hegelianisch alles unter die Herrschaft eines Begriffs gebracht. Genau das Gegenteil findet sich bei Therese. Immer deutlicher hat sie im Lauf ihres Lebens erfahren, wie kontrastreich, ja widerspruchsvoll das Leben eines Gläubigen sein kann. Unendliches Verlangen nach Heiligkeit und bleibende Schwachheit, Sehnsucht nach dem Himmel und Glaubensprüfung, Liebe zu allen Menschen und Verkanntsein von allen, alle Berufungen umfassen zu wollen und doch nur eine wählen zu können, Geheimnis der leeren Hände und ein eifriges Bemühen um

[18] Diccionario de Santa Teresa de Lisieux, Burgos [2]2003.

gute Werke und Verdienste vor Gott, Kontemplation samt Klausur und doch missionarischer Drang bis an die Enden der Erde, solche und andere Spannungen will sie nicht in einem theologischen Traktat unter eine Idee zusammenfassen, sie begreifen und bewältigen. Sie vertraut vielmehr darauf, dass sich alles in den Augen der Barmherzigkeit Gottes zusammenfügt.

Dafür hat sie gegenüber Céline das treffende Gleichnis vom Kaleidoskop gebraucht. Als Kind konnte sie sich nicht satt daran sehen, wie in diesem optischen Spielzeug durch ein leichtes Drehen immer neue, faszinierende Gestalten sichtbar werden. Eines Tages aber öffnete sie es, und da fand sie nur ein Durcheinander von einigen Stücken Papier und Wolle. Dieses armselige Chaos wurde also erst durch die drei Spiegel schön. „Das war für mich das Bild eines großen Geheimnisses. Solange unser Tun, und sei es noch so klein, nicht aus dem Brennpunkt der Liebe gerät, gibt ihm die Heiligste Dreifaltigkeit – das sind hier die drei einander zugewendeten Spiegel – wunderbaren Glanz und Schönheit. Solange also diese Liebe in unserem Herzen wohnt und wir uns nicht aus ihrem Mittelpunkt entfernen, ist alles gut" (CSG 70 mit Verweis auf Jes 3,10). Thereses Denken und Fühlen lebt von dieser Überraschung des Glaubens: Wer die Welt und sich selbst mit den Augen Gottes ansieht, der sieht alles neu und wunderbar. Die Heilige mit den großen Augen lehrt darum vor allem eines: Der dreifaltige Gott schaut die Welt und jeden Menschen mit Augen der Liebe an. Diese Liebe entdeckt in scheinbar armseligen Dingen etwas Wunderbares, während das, was die Welt groß nennt, für sie keinerlei Glanz besitzt. Darum sieht auch ein Mensch niemals die Wahrheit, wenn er die Welt nicht im Spiegel dieser dreifaltigen Liebe anschaut.

Insofern kann man den kleinen Weg des Vertrauens und der Liebe tatsächlich als den Mittelpunkt ihrer Lehre verstehen. Dieser Lehre gelingt es aber in einzigartiger Weise, Gegensätzliches und Verstreutes im Spiegel der Liebe

Gottes miteinander zu verbinden. So gilt es nun, in einem ersten Schritt die Lehre des kleinen Weges zu verstehen. In einem zweiten Schritt sollen dann verschiedene Motive und Themen ihrer reichhaltigen Lehre gewürdigt werden. Auf diese Weise kann das einzigartige Profil dieser jüngsten Kirchenlehrerin herausgestellt werden.

Vorweg aber noch eines: Mit erstaunlichem Selbstbewusstsein bezeichnet Therese ihre Grundgedanken als „meine Lehre" oder „meine kleine Lehre"; den Ausdruck hat sie allerdings von ihrer Schwester Marie übernommen (Ms B 1v). Mit dieser Lehre, so sagt sie, zeige sie einen „ganz neuen Weg" des geistlichen Lebens auf (Ms C 2v). Was sie mitzuteilen hat, stellt für sie also durchaus etwas Eigenes dar. Viele Ausleger haben daraus geschlossen, dass Therese damit eine Wende, ja eine Revolution in der Spiritualität einläutet. „Sie hat eine geistliche Revolution in der Geschichte des Christentums vollbracht" (Guy Gaucher). Meist sagt man, sie habe anstelle des Bildes vom gerechten Gott das des barmherzigen Vaters gesetzt, an die Stelle der Leistung das blinde Vertrauen, an die Stelle von Sünde, Umkehr und Streben nach Vollkommenheit das einfache Sich-Lieben-Lassen. Wenn das so wäre, dann wäre mit ihr der Quietismus wieder auferstanden, also eine mächtige, gegen Ende des 17. Jahrhunderts verurteilte Strömung einer Mystik ohne Askese und eigenes Bemühen.

Dagegen hält Céline ausdrücklich fest, Therese habe „keinen Quietismus" gepflegt: „Obwohl sie auf diesem Weg blinden und vollständigen Vertrauens wandelte, den sie ‚ihren kleinen Weg' oder ‚Weg der geistlichen Kindschaft' nannte, vernachlässigte sie niemals die persönliche Mitwirkung. Sie hielt sie sogar für so bedeutsam, dass sie ihr ganzes Leben mit großzügigen ununterbrochenen Akten ausfüllte" (CSG 49). Überdies hätte sie dann das Sowohl-Als-Auch der katholischen Lehre vernachlässigt, das in Gott die Gerechtigkeit ebenso wie die Barmherzigkeit verehrt, wie es etwa das Dekret über die Rechtfertigung (Kapitel 16) des Konzils von Trient eindringlich lehrt: „Weil ‚wir alle uns in vielen Dingen verfehlen' (Jak 3,2), muss ein jeder die Barmherzigkeit und Güte ebenso wie die Strenge und das Gericht vor Augen haben, und keiner darf über sich selbst das Urteil sprechen, auch wenn er sich keiner Schuld bewusst ist, denn kein Menschenleben darf mit menschlichem Urteil geprüft und beurteilt werden, sondern mit dem Gottes, ‚der das im Dunkel Verborgene ans Licht bringen und die Pläne der Herzen offenbar machen wird; dann wird jedem sein Lob zuteil von Gott' (1 Kor 4,5), der, wie geschrieben steht, ‚einem jeden nach seinen Werken vergelten wird' (Mt 16,27)." Auch erscheint der Revolutionsmythos ohne jegliches Fundament: Wie hätte Therese die allgemeine Anerkennung im Karmel finden können, wie hätten Priorinnen, die kirchlichen Zensoren der „Geschichte einer Seele" und die Leser darin an keiner Stelle Widerspruch erhoben, wenn sie die Aussagen als revolutionär empfunden hätten? Und hätte nicht zuletzt Therese selbst kämpfen müssen gegen das *ancien régime* des geistlichen Lebens, von dem sie doch angeblich ausnahmslos umgeben war?

Therese meint nämlich gar nicht, dass ihre Lehre an sich neu oder anders wäre als die einer guten katholischen Frömmigkeit. Vielmehr hat sie sich gerade diese bis ins Letzte hinein angeeignet und erkennt nun für sich persönlich, wie das Alte zugleich das Neue ist, nämlich die überraschende Lösung lebenslanger Probleme. An der Lehre und Praxis der Kirche entdeckt sie die genannte Überraschung Gottes, und das springt ihr als neu in die Augen. Vielleicht kann man in dieser persönlichen Aneignung auch Züge wiedererkennen, die sich bereits beim „Drama des begabten Kindes" zeigten. Ganz typisch zeigt ein hochbegabter Mensch ja eine geradezu unersättliche Neugier, Lernbereitschaft und Offenheit. Zugleich aber folgt er bei der Aneignung dessen oft nicht den üblichen Wegen, sondern er macht sich am liebsten selbst einen

Reim darauf. Die Gedanken und Ideen, die dabei entstehen, sind für ihn tatsächlich oft umstürzend neu, und sie werden vehement verteidigt. Ein kleines Beispiel für diese Eigenart Thereses: In Paulines Ausgabe der Fabeln von La Fontaine befand sich ein Bild des Todes als Skelett mit Sense. Als Kind bettelte Therese ihre Schwester so lange, bis sie dieses sie ängstigende Bild herausschnitt und verschwinden ließ.

Und noch als 24-Jährige betont sie: „Nicht der Tod wird mich holen kommen, sondern der liebe Gott. Der Tod ist keine Spukgestalt, kein schreckliches Gespenst, wie es auf den Bildern dargestellt wird. Im Katechismus heißt es, ‚der Tod ist die Trennung von Seele und Leib', das ist alles!" (CJ 1.5.1). Verinnerlichte Lehre der Kirche auf der einen Seite also und kraftvolle Abgrenzung von dem, was sie persönlich als davon abweichend erkennt.

Vielleicht ist nicht zu viel in Thereses Suchen nach ihrem geistlichen Weg hineingelegt, wenn man sich folgendes vor Augen hält. Ohne die Lehre über Gott und das Heil in irgendeiner Weise zu verändern, hat sich der Schwerpunkt in der Verkündigung von Bischöfen, Priestern, Ordensleuten und geistlichen Autoren ebenso wie in der Frömmigkeit von einfachen Menschen im Lauf des 19. Jahrhunderts in Frankreich deutlich von einer Betonung der göttlichen Gerechtigkeit zu der seiner Barmherzigkeit verschoben. Der Zorn Gottes und das Gericht werden natürlich nicht geleugnet, aber sie treten in einen neuen Zusammenhang, nämlich den des Erlösers, des guten Hirten, der alle Menschen zu Umkehr und Heil bewegen will.

Die enorme Ausbreitung der Herz-Jesu-Frömmigkeit zeugt von diesem neuen Zusammenhang. Dahinter dürfte auch die neue Situation von Glauben und Kirche stehen, deren Autorität zunehmend nicht mehr durch staatliche Zwangsgewalt und Sanktionen durchgesetzt wird, sondern innengesteuert die Menschen davon überzeugen muss, was der rechte Weg ist. Um jemanden zu überzeugen, braucht es aber zuerst und vor allem etwas Anziehendes; die Drohung allein reicht nicht. Dieser epochale Wandel führte auch zu einer gewissen Krise dessen, was die französische Frömmigkeit seit Jahrhunderten zum Leitstern der katholischen Frömmigkeit schlechthin gemacht hatte. Die sogenannte „französische Schule der Spiritualität" (Henri Bremont), selber in mancherlei Hinsicht eine Erbin der spätmittelalterlichen „devotio moderna" etwa der „Nachfolge Christi" des Thomas von Kempen, entstanden in der hohen Zeit der Monarchie des 17. Jahrhunderts, schaute auf die Majestät Gottes und die vollkommene Unterwerfung und Hingabe Jesu in seiner Menschheit. Jesus ist für sie der vollkommene Anbeter des Vaters, ihm muss sich jeder Gläubige mehr und mehr angleichen. Alles Eigene, etwa auch einfach bloß natürliche Regungen, muss dafür abgetötet werden. In mancherlei Hinsicht war damit bereits das katholische Gleichgewicht zwischen Natur und Gnade verlassen, wie es sich klassisch beim hl. Thomas von Aquin findet. Bei dieser Vernichtung des Selbst, um in Christus aufzuerstehen, liebte man nicht selten auch das Heroische, gerade so wie es der Dienst einer hohen Majestät gegenüber allezeit erforderte. Wenn man bedenkt, dass Kardinal Pierre de Bérulle, der wichtigste Inspirator der „französischen Schule", auch den reformierten Karmel in Frankreich eingeführt hatte, kann man sich den Einfluss solcher Ideen noch zu Lebzeiten Thereses vorstellen.

Andererseits orientierte diese Frömmigkeit die Gläubigen aber auch ganz hin auf die Gestalt Christi, auf die Abhängigkeit von seiner Gnade und auf das Vertrauen in seine Liebe. Höchste Anforderungen also auf der einen Seite, innigste Nähe zum Heiland auf der anderen Seite, beides ergab so lange eine Einheit, wie die göttliche Majestät und die irdische Autorität eine gesellschaftliche Ordnung schufen, in der beides, Majestät und Huld, aus dem täglichen Leben bestens vertraut war. Im 19. Jahrhundert zerbricht aber das Gottgnadentum und damit auch diese Einheit von irdischer und göttlicher Majestät.

Nun muss der einzelne Gläubige in seiner persönlichen Frömmigkeit beide Seiten miteinander verbinden: den gerechten Gott in Ehrfurcht anbeten und seine Liebe in Dankbarkeit annehmen. Doch im Gewissen des einzelnen, das darin nicht mehr von der täglichen Gewohnheit des gesellschaftlichen Lebens gestützt war, drohte diese Balance zwischen Gerechtigkeit und Liebe verlorenzugehen, und gerade ein empfindsamer Gläubiger konnte angesichts der Forderungen der Majestät Gottes sogar verzweifeln. Skrupulanz, Entmutigung oder gar völliger Zusammenbruch des geistlichen Lebens drohten als Folgen. An diesem Punkt erkennt man auch, welche tiefe geistliche Verwandtschaft die hl. Therese vom Kinde Jesus mit dem hl. Franz von Sales verbindet, dessen warmherzige und doch zugleich anspruchsvolle Frömmigkeit sie durch ihre Tante im Kloster der Visitandinnen und durch Marie und Pauline mehr als nur kennengelernt hatte. Denn in seiner Pariser Studienzeit geriet auch der 20-jährige Franz von Sales an den Rand der Verzweiflung und war davon überzeugt, von Gott verworfen zu sein.

In der Dominikanerkirche der französischen Hauptstadt aber betete er: „Was auch immer geschehen mag, Herr, der du alles in deinen Händen hältst und dessen Wege Gerechtigkeit und Wahrheit sind; wofür auch immer du mich bestimmt hast [...]; dich, der du stets ein gerechter Richter und barmherziger Vater bist, werde ich lieben, o Herr [...], ich werde dich hier lieben, o mein Gott, und werde immer auf deine Barmherzigkeit hoffen, und werde dich stets aufs Neue loben [...]. O Herr Jesus, du sollst stets meine Hoffnung und mein Heil im Land der Lebenden sein."

So kann man wohl beim kleinen Weg zwei Ebenen unterscheiden, die existenzielle und die objektive. So stellt sich als erstes die Frage: Wie ist Therese persönlich zum kleinen Weg gekommen und was hat sie damit verbunden? Danach kann die zweite Frage in den Blick kommen: Was ist der kleine Weg an sich? Und welche Bedeutung hat er für Gläubige aller Zeiten?

Welche Schlüsselerfahrungen und Einsichten haben Therese also zum kleinen Weg geführt? In gewisser Weise hat sie, seitdem sie denken kann, etwas vom Geheimnis der barmherzigen Liebe geahnt. Immer schon ist sie auf der Schaukel des Lebens zwischen Groß und Klein, zwischen der unerschöpflichen Liebe Gottes und der eigenen Schwäche hin und her gependelt. Dennoch brauchte sie bis zum November 1894, um zur vollkommenen Klarheit zu gelangen. Seitdem findet sich in ihren Schriften der kleine Weg in verschiedenen Formulierungen, die aber niemals zu einer Art Formel werden. Vielmehr bleibt er eher eine Art Intuition, die je nach Umständen in recht verschiedene Worte gekleidet wird, deren unterschiedliche Akzente sich ergänzen. Schön ist etwa die Zusammenfassung des kleinen Weges vom September 1896: „Ich bin nur ein ohnmächtiges und schwaches Kind, und doch gibt mir gerade diese meine Schwachheit den Mut, mich Deiner Liebe als Opfer darzubringen, o Jesus! [... D]ie Liebe hat mich als Ganzopfer ausersehen, mich, das schwache und unvollkommene Geschöpf... Ist diese Erwählung nicht *der Liebe* würdig?... Ja, damit die Liebe zufrieden ist, muss sie sich erniedrigen, muss sich erniedrigen bis zum Nichts und dieses Nichts in *Feuer* verwandeln... “ (Ms B 3v).

Der Weg bis dahin war lang und dornenvoll. Conrad de Meester hat ihn nachgezeichnet, und teilweise im Anschluss an ihn sollen seine Etappen nun vorgestellt werden. Als Therese die Schwelle des Karmel überschritt, ist ihr Ideal die Liebe. Jesus ist ihre einzige Liebe, der sie nichts vorziehen und nichts verweigern will. Lieben will sie „bis zur Torheit“ (LT 127). Darum war sie auch schon lange vom Leiden um seinetwillen angezogen. Doch mehrfach schon hatte sie auch erleben müssen, wie wenig sie vermochte, wenn er ihr nicht entgegenkam. Sie war durch die traurigen

Jahre ihrer Schulzeit geschritten und hatte sich als verängstigtes Mauerblümchen erlebt. Sie hatte nach Paulines Karmeleintritt 1883 die schwere Erkrankung erlitten, aus der sie erst das Lächeln der Mutter Gottes befreite. Sie hatte nach ihrer Zweitkommunion die „schreckliche Krankheit der Skrupel" (Ms A 39r) kennenlernen müssen, aus der ihr erst das Gebet zu den verstorbenen Geschwistern geholfen hatte. Sie hatte neun Jahre gegen ihre Weinerlichkeit gekämpft, bis an Weihnachten 1886 der Sohn Gottes, ganz klein geworden in der Krippe, sie bekehrte und ihr den Lauf eines Riesen ermöglichte. Und schließlich hatte sie bis zum Letzten um ihre Berufung gekämpft, hatte sogar den Papst angefleht und scheinbar doch alles verloren, bis sich ihr schließlich doch die Pforten des Klosters auftaten. Nun aber will sie eine Heilige sein (LT 45), ja eine „große Heilige" (LT 83). Kurz, die erste Etappe ist Jugend, hohes Ideal, grenzenloses Verlangen und Hingabe, ohne sich zu schonen.

Doch im Karmel wird diese eine große Hingabe nun in die vielen kleinen Hingaben hineingelegt. Illusionen hat sie sich keine über das Klosterleben gemacht, aber es verlangt doch immer noch eine eigene Demut für ein wohlbehütetes bürgerliches Mädchen, das strenge, entbehrungsreiche und arme Leben Tag für Tag zu ertragen: die Mahlzeiten von Armen, Fastenzeiten, enge, feuchte und kalte Räume, rudimentäre hygienische Bedingungen, ein auf die Minute geregelter Tagesablauf, wenig Schlaf, Zeiten des Schweigens, auch wenn man etwas auf dem Herzen hat oder die Nähe anderer Menschen sucht, und ein Gehorsam ohne Diskussionen. Auch machen Sammlung und Schweigen viel aufmerksamer auf „diese elenden Empfindungen der Natur" (Ms C 19r), über die man sonst wie selbstverständlich hinweggegangen wäre: die kleinen Triumphe über andere, die Verstimmung über ein dummes Wort, die Sehnsucht nach Zuwendung der Mutter Priorin oder einzelner Lieblingsschwestern, die Bequemlichkeit und das Ausweichen vor unangenehmen Diensten usw. Mehr noch, der Karmel verlangt zugleich ein eremitisches Leben, also die Bereitschaft zu einer Einsamkeit, anders als in den Buissonnets, wo sie stets von anderen umgeben war, und gleichzeitig ein intensives kommunitäres Leben, also das enge Miteinander in einer Klausur ohne Möglichkeit, voreinander zu fliehen. Man braucht dabei gar nicht auf das leider immer wieder gebrauchte Klischee eines Klosterlebens in Lisieux zurückzugreifen, das aus Intrigen, feinen Spitzen und bewussten Schikanen, angeführt von einer launischen, kalten Oberin, bestanden habe. Wie ungerecht ein solches Bild ist, kann man an der einfachen Tatsache ermessen, dass für Therese die Schulzeit eine einzige Prüfung war, sie im Kloster dagegen glücklich war und umgekehrt z. B. von ihrer Novizenmeisterin als „Juwel des Karmel“ bezeichnet wurde. Aber das Noviziat bedeutet Zeit der Prüfung, und darum wurde eine Novizin nicht auf Händen getragen, sondern sie sollte sich an Schwierigkeiten bewähren und wachsen.

Zu all dieser Hingabe im Kleinen war Therese ohne weiteres bereit. Der Weg der Reinigung war angesagt, d. h., die Befreiung von all dem, was sich noch an Selbstsucht, Fehlhaltungen und Sünden in die große Liebe einschleicht. Hochherzig und ohne sich zu schonen betritt die Novizin diesen Weg. Was sie bewegt, ist das Verlangen, heilig zu werden. Es gibt eine bemerkenswerte Auseinandersetzung mit dem Jesuitenpater Laurent Blino (1839–1908) (vielleicht bei den Exerzitien im Mai 1890), dem sie bekannte: „Pater, ich will eine Heilige werden. Ich will den lieben Gott so lieben wie die heilige Teresa.“

Daraufhin wies sie der Pater zurecht: „Was für ein Hochmut und welche Anmaßung! Beschränken Sie sich darauf, Ihre Fehler zu vermeiden, den lieben Gott nicht mehr zu beleidigen und jeden Tag kleine Fortschritte in der Tugend zu machen, und mäßigen Sie Ihre anmaßenden Wünsche!“ „Pater, ich finde diese Wünsche aber nicht anmaßend. Ich kann wohl nach der Heiligkeit streben, und wenn ich will, selbst nach einer Heiligkeit, die größer ist als die der hl. Teresa, weil unser Herr gesagt hat: ‚Seid vollkommen, wie euer himmlischer Vater vollkommen ist. Pater, schauen Sie, das Feld ist weit, und ich denke, ich habe das Recht, darin zu laufen!" (LT 107+h).

Auch wenn sie sich durch diese Einwände nicht davon abbringen ließ, eine große Heilige zu werden, musste sie aber doch im Karmel rasch erkennen, dass sie zu Bußwerken, die über die Regel hinausgingen, kaum in der Lage war. Ein kleines Bußkreuz aus Eisen, das sie sich anlegt, führt rasch zu einer Entzündung, und sie wird sogar einige Tage bettlägerig (CJ 27.7.16+a und b). Die verantwortungsvolle Mutter Marie de Gonzague und ebenso später Mutter Agnès de Jésus verboten ihr jegliche zusätzliche Bußübung (vgl. Ms A 74v). Ihre ohnehin nie ganz robuste Konstitution wäre zu heroischen Werken kaum imstande gewesen. Bei einzelnen Mitschwestern konnte dies sogar den Eindruck erwecken, dass Schwester Therese vom Kinde Jesus zwar lieb und eifrig sei, aber doch hier und dort geschont werde und eigentlich recht verwöhnt sei. Immer wieder hörte sie bei der Tischlesung oder in den Lebensbeschreibungen der Heiligen oder verstorbener vorbildlicher Karmelitinnen, dass diese Außergewöhnliches vollbracht hatten. War darum der Traum von der Heiligkeit eine Chimäre? Hatte sie versagt und hatte darum P. Blino doch recht? So steht der Gegensatz zwischen dem großen Verlangen nach Heiligkeit und der fehlenden Kraft dazu an der Quelle zur Suche nach einem anderen Weg dorthin, nämlich ihrem kleinen Weg. Nirgendwo ist dies so deutlich ausgesprochen wie in ihrer „Weihe an die barmherzige Liebe": „Ich sehne mich danach, eine Heilige zu werden. Doch im gleichen Moment steht mir meine fehlende Kraft vor Augen. Deshalb bitte ich Dich, mein Gott: Sei Du selbst meine Heiligkeit" (Pri 6).

Die schwerste Prüfung aber war „unser großer Reichtum" (Ms A 86r), d. h., die Krankheit und der Verfall des

Vaters. „An diesem Tag sagte ich nicht, ich könne noch mehr leiden" (Ms A 73r). Als wäre es noch nicht genug gewesen, dass der irdische Vater ihr entschwand, es entzog sich in diesen Jahren auch auf geheimnisvolle Weise der Bräutigam, Jesus selbst. Trockenheit im Gebet, keine fühlbare Andacht, geschweige denn Begeisterung selbst in den heiligsten Momenten, banales Einschlafen während der Betrachtung, zutiefst aber der Eindruck, Jesus selbst habe sich verborgen. Doch gerade darin entdeckt sie „die verborgenen Schönheiten Jesu" (LT 108). Es ist das verborgene Antlitz des Schmerzensmannes, das sie anschaut und das sie einlädt, ihr Leid ohne jeden fühlbaren Trost zu tragen. In dieser Zeit wählt sie darum auch als zweiten Ordensnamen „vom heiligen Antlitz".

Als Vater Martin am 10. Mai 1892 aus der Anstalt in Caen wieder nach Lisieux zurückkehrt, lässt für seine jüngste Tochter auch die Heftigkeit des inneren Sturmes nach. Als dann auch noch wenig später, am 20. Januar 1893, die geliebte Pauline zur Priorin gewählt wird, sind die fünf Jahre der Prüfung vorüber. Und bereits im Oktober 1891 hatte P. Alexis Prou sie in den Exerzitien auf den Weg des Vertrauens gelenkt: „Mit geblähten Segeln schickte er mich hinaus auf die Fluten des *Vertrauens* und der *Liebe*, die mich so heftig verlockten, auf denen voranzuschreiten ich aber nicht wagte... Er sagte mir, *meine Fehler betrübten* den lieben Gott nicht und dass er *an Gottes Stelle* mir in *seinem Namen* sagte, Er sei sehr zufrieden mit mir... [...] Auf dem Grund meines Herzens fühlte ich genau, dass es wahr ist, denn der liebe Gott ist zärtlicher als eine Mutter" (Ms A 80v).

Sehr genau erkennt man an dieser Aussage, dass Therese sich schon lange danach sehnte, Gott in aller Schwachheit doch vertrauen zu dürfen. Diese wichtige Etappe bei der Entdeckung des kleinen Weges zeigt auch, dass dieser für sie weniger inhaltlich etwas Neues darstellte als vielmehr die Gewissheit gab, dass sie von Gott das erhoffen darf, was sie im Tiefsten als einzig möglich ansah: „Ich bin von einer solchen Natur, dass Furcht mich zurückfallen lässt, ich hingegen mit der Liebe nicht nur voranschreite, sondern fliege..." (Ms A 80v). Was aber ist Schwachheit für sie? Es ist das Stoßen an Grenzen, physisch, psychisch und geistlich. Sie will, und vermag es doch nicht. So ist es ihr nicht möglich, „die beschwerlichen Treppenstufen zur Vollkommenheit emporzusteigen" (Ms C 3r), also außergewöhnliche Werke des Gebetes und der Buße zu vollbringen, wie sie im Karmel nicht unüblich waren. Weit bleibt sie hinter den Heldinnen solcher Heiligkeit zurück. Ist die Heiligkeit damit endgültig unerreichbar? Nein, denn in diesem Augenblick erkennt sie, dass Gott gerade ihr eigenes Nichts zu füllen versteht: „Jesus macht alles und ich mache nichts" (LT 142). Nichts meint hier natürlich nicht Passivität und mangelndes Bemühen. Im Gegenteil, nichts will sie ihrem Bräutigam verweigern, bis ins Kleinste hinein will sie alles fein machen, oder noch einfacher: „Jesus lehrt mich, alles aus Liebe zu tun" (LT 142). So richtet sich ihre Aufmerksamkeit nun ganz auf ihn, auf sein Wirken: „Das Vertrauen und nichts mehr als das Vertrauen muss uns zur Liebe führen" (LT 197). Ihre eigenen Fehler drohen nicht mehr, ihren ganzen Weg in Frage zu stellen.

Ein letzter Schritt fehlt noch. Was gibt ihr den Mut, so sehr auf Gott zu vertrauen? Als Céline am 14. September 1894 zu ihrer jüngeren Schwester im Karmel stößt, bringt sie einen Schatz mit: Eine Sammlung von Schriftstellen aus dem Alten Testament, die sie ausgesucht und abgeschrieben hat und die sie nun Therese zu lesen gibt. Der kleine Weg ist also keine einsame Entdeckung Thereses, sondern ein Zuspiel durch Céline. Zwei Schriftstellen, die diese selbst am meisten angesprochen haben, geben Therese im Herbst 1894 den Schlüssel zur endgültigen Entdeckung des kleinen Weges in die Hand: „Da habe ich in der Heiligen Schrift [...] jene Worte aus dem Mund der Ewigen Weisheit gelesen: ‚Wenn jemand GANZ KLEIN ist, komme er zu mir' (Spr 9,4). So bin ich also gekommen, da ich ahnte, dass ich gefunden hatte, was ich suchte. Und da ich nun wissen wollte, mein Gott, was Du *mit dem ganz Kleinen* tun würdest, der Deinem Ruf folgte, setzte ich meine Nachforschung fort und stieß dabei auf folgendes: ‚Wie eine Mutter ihr Kind liebkost, so werde ich euch trösten. Ich werde euch an meiner Brust tragen und auf meinen Knien schaukeln' (Jes 66,12f.). Ach, nie zuvor hatten so zarte, so klangvolle Worte meine Seele erfreut. Der Aufzug, der mich bis zum Himmel emporheben soll, besteht in Deinen Armen, Jesus! Dafür brauche ich nicht größer zu werden. Im Gegenteil, ich muss *klein* bleiben, ja es immer mehr werden" (Ms C 3r). Der Schlüssel ist nichts anderes als die göttliche Barmherzigkeit. Sie liebt die Kleinen am meisten, denn „es ist das Merkmal der Liebe, sich herabzuneigen" (Ms A 2v).

Somit ist das Neue, das Überwältigende am kleinen Weg Thereses Gewissheit: Auf die Liebe Gottes ist Verlass. Sie mag sich noch so klein und elend vorkommen, niemals folgt daraus, dass sie an seiner Liebe zweifeln müsste. Diese Gewissheit gibt ihr zugleich die Kraft, dieser Liebe alles dahinzugeben. Das hat sie denn auch bei ihrer „Weihe an die barmherzige Liebe" getan, und in ihrer Passion hat sie diese Weihe bis zum letzten Atemzug eingelöst. Wenn dies die Bedeutung des kleinen Weges für Therese ist, was aber – und das ist die zweite Frage – ist dann der kleine Weg an sich? Und welche Bedeutung hat er für Gläubige aller Zeiten? Es fällt zunächst einmal leichter zu sagen, was er nicht ist:

Er ist nicht einfach die Einladung zur geistlichen Kindschaft nach dem Wort: „Wenn ihr nicht umkehrt und wie die Kinder werdet, könnt ihr nicht in das Himmelreich kommen" (Mt 18,3). Dieses Wort hat die Heilige nie im Zusammenhang mit ihrer Lehre gebraucht! „Weg der geistlichen Kindschaft" taucht erstmals in der Ausgabe der „Geschichte einer Seele" von 1907 auf, während man bis dahin von Thereses „Weg des Vertrauens und der Liebe" oder „Weg der Liebe und der Demut" sprach. Wohl aber hat sie das Bild von der Kindschaft gerne gebraucht, und es drückt vielleicht am besten aus, was mit diesem Weg gemeint ist: die eigene Kleinheit; die Demut, nichts anderes als klein sein zu wollen und nichts Außergewöhnliches, Besonderes, Auffälliges zu erstreben; die Abhängigkeit vom himmlischen Vater und das Wissen, ihm durch kindliche Liebe und Hingabe zu gefallen; das Leben aus seiner Zuwendung und die Gewissheit, bei allen Fehlern nach jedem Fall doch immer wieder aufstehen zu dürfen. Zugleich macht die Gotteskindschaft sichtbar, dass auf der Seite des Menschen nicht reine Passivität und Heilsgewissheit ohne eigenes Bemühen stehen, sondern der Wunsch, dem Vater im Himmel in allem gehorsam zu sein. Werke also, aber gleichzeitig die Demut, sich vor Gott in keiner Weise auf sie zu berufen, ganz wie es alle Heiligen und geistlichen Lehrer gehalten haben: „Hätte ich auch alle Werke des hl. Paulus vollbracht, würde ich mich doch für einen ‚unnützen Knecht' halten. Doch genau das macht meine Freude aus, denn indem ich nichts habe, werde ich alles vom lieben Gott empfangen" (CJ 23.6.). Therese selbst hat sich darum bis zuletzt um vollkommene Treue zu ihrer Ordensregel bemüht, sie wollte in allem Gutes tun und Jesus damit eine Freude machen, und ihr Sterben im „Ordensleben, das die Theologen als Martyrium bezeichnen" (Ms C 9r), sollte mitten in allen Nächten doch ein „Sterben aus Liebe" sein.

Er ist auch nicht einfach die Lehre von den kleinen Taten, also die Heiligung des Alltags. Nichts Außergewöhnliches tun, aber das Gewöhnliche außergewöhnlich gut tun, das ist zwar ein trefflicher Slogan, aber er enthält nur die Auswirkung des kleinen Weges. „Liebe wird nur durch Liebe vergolten" (Ms A 85v), das heißt für die „kleinen Seelen", sich keine Gelegenheit entgehen zu lassen, Jesus eine Freude zu machen. Es mögen unscheinbare Dinge sein, Taten, die niemand bemerkt, aber gerade solche kleinen Taten sind für sie der Ausdruck ihrer großen Liebe.

Er ist aber vor allem nicht das, was man als eine Art heutiges Credo bezeichnen könnte: „Gott nimmt jeden an, wie er ist.“ Nichts wäre Therese ferner als das Bild eines Gottes, dem das Verhalten eines Menschen immer recht ist. Nein, Jesus weint über die Sünde, er sucht auf Erden Liebe und findet sie nicht, er vergießt am Kreuz sein Blut, und niemand ist da, der es auffängt. So könnte man im Geist Thereses ganz anders formulieren: Gott kann jeden Menschen aus jeder Lebenslage heraus in die Liebe zu ihm und zum Nächsten führen.

Was also ist dann der kleine Weg? Weg bedeutet in der gängigen geistlichen Sprache das Verhalten eines Gläubigen, das ihn zu Fortschritt und Vollendung führt. Klein ist dieser Weg, weil er die eigene Kleinheit, Schwachheit, Unzulänglichkeit, Grenzen, ja selbst Sünden zum Anlass nimmt, nur noch umso mehr auf Gottes Barmherzigkeit zu hoffen und von ihr Zuwendung, Kraft, Gnade und Liebe zu erhalten. So gestärkt, lässt ein Gläubiger sich von keinen Rückschlägen entmutigen. Er erhebt sich nach jeder Niederlage und Demütigung, freut sich umso mehr an der ungebrochenen Liebe Gottes und gibt sich noch mehr Mühe, es besser zu machen. Nichts also kann einen Menschen dazu bringen aufzugeben, wenn er nur an Gott und seiner Weisung festhält. Darum heißt er auch zu Recht der kleine Weg des Vertrauens und der Liebe. Denn das bedingungslose Vertrauen in die Barmherzigkeit erweckt im Menschen eine Liebe, ja lässt ihn die Liebe Gottes immer mehr in sich aufnehmen, so dass nun wirklich das Vertrauen zur Liebe führt, die Liebe aber sich in vielen kleinen Taten bewährt. So ist der kleine Weg nichts anderes als die existenzielle Übersetzung des Rufes Jesu in jeder Stunde: „Kehrt um und glaubt, denn das Reich Gottes ist nahe“ (Mk 1,15). Wie ein Vermächtnis ist somit das, womit ihrem Wunsch gemäß Mutter Agnès das Manuskript C abschließen sollte, weil sie es infolge ihrer Schwäche nicht mehr selbst beenden konnte: „Sagen Sie, meine Mutter, wenn ich alle möglichen Verbrechen begangen hätte, so hätte ich doch immer noch dasselbe Vertrauen. Ich bin mir sicher, dass diese Menge von Beleidigungen wie ein Wassertropfen wäre, der in einen glühenden Ofen geworfen würde" (CJ 11.7.7).

So ist der kleine Weg der Weg echter Demut: Klein zu sein, ja klein zu bleiben ist der Ausdruck des Vertrauens, dass man ohne Gott nichts, mit ihm aber alles vermag. Ein solches Vertrauen führt aber wie von selbst zu einer immer größeren Liebe und Hingabe an Gott und das Bemühen, ihm mit den kleinen Werken der Liebe zu antworten, die einem möglich sind. Der Blick auf sich selbst scheut sich darum nicht, das Schwache, Unvollkommene, Bedrückende und selbst Bestürzende (wie etwa die äußerste Verzweiflung während der Krankheit von Monsieur Martin oder die Versuchungen in ihrer Glaubensprüfung) anzuerkennen. Denn es verhindert nicht nur nicht, Gott wohlzugefallen, sondern es zieht sogar ganz besonders seine barmherzigen Blicke auf sich. Klein ist dieser Weg also, weil er die eigene Statur angesichts Gottes recht ermisst, weil er nichts Großartiges erstrebt, sondern gerade in aller Niedrigkeit den inneren Frieden bewahren kann, und weil er Gott im Gewöhnlichen, Unscheinbaren und Kleinen dient.

Nächstenliebe

Vom hl. Apostel Johannes wird in der Legende berichtet, dass er im hohen Alter nur noch links und rechts gestützt gehen konnte. Seine Predigt war nun ganz einfach: „Meine Kinderchen, liebt einander! Mehr habe ich euch nicht mehr zu sagen." Gerade bei Heiligen wird ihre Lehre am Ende ihres Lebens oft ganz einfach. Nicht anders bei Therese. Das Hohe Lied der Nächstenliebe findet sich auf den autobiographischen Seiten, die sie weniger als drei Monate vor ihrem Tod niedergeschrieben hat. Erst damals erkannte sie, dass das neue Gebot Jesu (Joh 13,34f.), die Nächstenliebe, beinhaltet, den Nächsten mit der ganzen, göttlichen Liebe Jesu selbst zu lieben. „Beim Betrachten dieser Worte Jesu begriff ich, wie unvollkommen meine Liebe zu meinen Schwestern doch ist. Ich habe erkannt, dass ich sie nicht so liebte, wie der Liebe Gott sie liebt. Oh, jetzt begreife ich, dass die vollkommene Liebe darin besteht, die Fehler der anderen zu ertragen, sich nicht angesichts ihrer Schwachheit zu wundern und sich an den kleinsten Tugendakten zu erbauen, die man sie üben sieht. Vor allem aber begriff ich, dass die Liebe nicht im Inneren des Herzens eingeschlossen bleiben darf: ‚Niemand,' hat Jesus gesagt, ‚zündet ein Licht an, um es unter den Scheffel zu stellen, sondern man stellt es auf einen Leuchter, damit es ALLEN im Haus leuchte.' Dieses Licht, so scheint mir, steht für die Nächstenliebe, die nicht nur diejenigen, die mir lieb und wert sind, erleuchten und erfreuen soll, sondern ausnahmslos ‚ALLE im Haus'" (Ms C 12r).

Die Schwestern so lieben, wie Gott sie liebt, das ist die Entdeckung ihrer letzten Jahre. Nicht dass sie bis dahin nicht schon bewundernswert in ihrer Rücksichtnahme, Sensibilität, Großmut und praktischen Hilfe für andere gewesen wäre. Selbst die Treulosigkeit einer Klassenkameradin belohnt sie damit, dass sie ein Leben lang für sie betet. Als sie in ihrer Jugend zwei armen Kindern aus der Nachbarschaft den Katechismus beibringt, bewahrt sie sich einen hohen Respekt vor dem „Heiligtum der Seelen" (Ms C 22r). Denn lieben heißt nicht, jemanden für die eigenen Wünsche zu gebrauchen oder ihn gar nach Gutdünken zu manipulieren, sondern in aller Demut und Bescheidenheit mitzuhelfen, dass Gott selbst in ihm wirken kann: „Ich weiß, der liebe Gott braucht niemanden, um sein Werk zu vollbringen. Aber genauso wie Er einem geschickten Gärtner erlaubt, seltene und empfindliche Pflanzen zu ziehen, und ihm dafür die nötigen Kenntnisse gibt, sich selbst aber vorbehält, die Fruchtbarkeit zu geben, so will Jesus auch, dass man ihm dabei zur Hand geht, wenn er die Seelen formt. Was würde passieren, wenn ein ungeschickter Gärtner seine Gehölze nicht recht veredeln würde? Wenn er nicht in der Lage wäre das Wesen eines jeden zu erkennen und Rosen an einem Pfirsichbaum blühen lassen wollte?... Er würde den Baum umbringen, der doch gut war und fähig, Früchte hervorzubringen. So muss man in der Lage sein, bereits in der Kindheit zu erkennen, was der liebe Gott von den Seelen verlangt, und das Wirken seiner Gnade unterstützen, ohne ihr je vorzugreifen oder sie zu hemmen" (Ms A 53r).

Und später bestätigt sie aus ihrer Erfahrung in der Leitung der Novizinnen: „Man sieht ein, dass es gilt, die eigenen Vorlieben und persönlichen Ideen völlig zu vergessen und die Seelen auf dem Weg zu führen, den Jesus ihnen vorgezeichnet hat, ohne zu versuchen, sie auf dem eigenen Weg gehen zu lehren" (Ms C 22v–23r). Der tiefste Grund für diese Haltung ist das Wissen darum, dass der Herr selbst in den Mitschwestern gegenwärtig ist: „Die Liebe drängt mich, denn ich sehe dich in den Seelen, meinen Schwestern" (PN 17).

Einwohnung Christi, Weitergeben seiner Liebe, die man empfangen hat, ohne Vorbehalte gerade diejenigen lieben, die niemand gerne hat, darin besteht ihre Erleuchtung zur Nächstenliebe, die sie so anschaulich auf vielen Seiten ihres letzten Manuskripts beschreibt und die gerade ihre Äußerungen in den Monaten ihrer Krankheit so sehr von Mitleid und Erbarmen durchdrungen sein lassen: „Wenn eine Schwester in geistlicher Hinsicht krank ist, in allem unangenehm ist, zieht jeder sich von ihr zurück, man übersieht sie gern, und statt zu versuchen, ihr etwas Linderung zu geben, wirft man ihr manchmal verletztende Worte hin... Also, für die kranken Seelen will ich mein Lächeln, meine Zuneigung und meine Aufmerksamkeiten aufbewahren, darin finde ich die wahre Nächstenliebe" (CJ Addendum 6.4). Die beste Zusammenfassung ihrer Lehre zur Nächstenliebe aber ist wohl ganz einfach ihr berühmtes „ständiges Lächeln“ (PO 151). Es war wie ein Echo auf das Lächeln der Mutter Gottes, das sie selbst aus schwerster Erkrankung befreit hatte. Und so ist für sie das freundliche Lächeln auch für schwierige Menschen oder scheinbar überfordernde Aufgaben alles andere als Verstellung. Sie merkt sehr wohl, dass manches ihr schwerfällt, und manchmal muss sie darum kämpfen, nicht davor davonzulaufen. Und doch vertraut sie auf die Liebe Jesu, die in ihr wohnt und die gerade jetzt nicht entsprechend den natürlichen Regungen mit spontaner Abneigung reagiert, sondern aus der Kraft seiner Zuwendung zu allen, gerade auch denen, die seiner Barmherzigkeit am meisten bedürfen. Und so kann sie das Lächeln auch bewahren, weil sie ohnehin beim anderen nichts erzwingen kann und will: Wie der Sämann aus dem Gleichnis wirft sie die Körner Gottes nach links und rechts, doch sie sagt sich: „Gib, gib weiter, ohne dich um das Ergebnis zu kümmern“ (CJ 15.5.5).

Thereses Weisungen sind wohltuend praktisch. Kaum ein Gläubiger, der nicht ähnliche Alltagssituationen kennt wie die, von denen sie so lebendig berichtet. Wie gerne identifiziert man sich darum mit ihr und versucht, ihr Verhalten genau nachzuahmen. Wie sie bemüht man sich dann z. B. darum, von anderen nur Gutes zu denken oder selbst ungerechtes oder verletzendes Betragen anderer stillschweigend zu erdulden. Aber kann das in unserer Zeit gutgehen? Gerade aus diesem Grund ist hier wohl ein kleiner Warnhinweis nicht unangebracht. In zweifacher Hinsicht unterscheidet sich Thereses Situation von der heutigen, so dass man ihre Haltungen nicht imitieren, sondern nur übersetzen kann. Zunächst gelten in einem Kloster Ideale und Gesetze, die sich nicht unmittelbar auf ein Leben in der Welt übertragen lassen. Der evangelische Rat des Gehorsams besteht im freiwilligen Verzicht darauf, sich vom Eigenwillen leiten zu lassen, und in der Überantwortung des eigenen Seins und Tuns an die Ordensregel mit ihrer Ordnung und an die Vorgesetzten. Er hat seine Grenze nur dort, wo etwas offenkundig Sündhaftes verlangt wird. Auf diese Weise wird etwas für die eigene Heiligung wertvoll, was in sich betrachtet unvernünftig ist, also z. B. eine Aufgabe im Kloster, bei der man die eigenen Kräfte und Fähigkeiten überhaupt nicht entfalten kann. Zu einem solchen Gehorsam gibt es keine vollständige Analogie in weltlichen Verhältnissen, auch nicht in der Familie und auch nicht gegenüber einem Bischof oder Priester.

Zum anderen lebte sie in einer Welt weithin ungebrochener sozialer Ordnung und Autorität. Diese Welt kannte ein Oben und Unten, Leitung und Gehorsam. Sich einzuordnen und gehorsam zu sein war gewissermaßen das Wichtigste, was ein Mädchen zuhause und in der Schule lernen konnte, denn diese Tugenden waren es, die sie später auch in der Unterordnung unter einen Ehemann oder im klösterlichen Gehorsam gegenüber der Oberin und der Regel am meisten brauchte. Andererseits hatte eine solche Welt auch eine reiche und anspruchsvolle Welt von Tugenden für diejenigen entwickelt, die Verantwortung für andere hatten. Dazu zählte gegenüber Mädchen und Frauen die Pflicht, sie zu schützen, sich in Wort und Tat vor ihnen zu mäßigen und zu veredeln, ihrem Geschlecht Hochschätzung und Respekt entgegenzubringen und sich in Hingabe und Opfer für sie zu bewähren.

Das vollendete Beispiel eines solchen Familienoberhauptes findet sich in Monsieur Martin, dessen väterliche Autorität seitens seiner Frau Zélie und seitens seiner Töchter unbestritten war, der diese jedoch in einer so selbstlosen und edlen Form ausübte, dass der Gehorsam aller ganz von Liebe durchdrungen war. Anders heute: Das öffentliche, aber auch das private Leben ist darauf aufgebaut, dass jeder einzelne in eigener Verantwortung seine Wünsche und Interessen äußert und sie in geordnetem Rahmen auch durchsetzt. Autorität (auch in der Kirche) ist auf (manchmal auch nachdrückliche) Äußerungen angewiesen.

Dies gilt umso mehr dort, wo die frühere Kultur der Verantwortung für die Untergebenen und des Schutzes ihrer Interessen durch die Autorität selbst verkümmert ist. Es ist somit kein Egoismus, sondern Teil des geordneten Zusammenlebens, wenn man Ansprüche geltend macht oder Kritik am Verhalten anderer – auch Vorgesetzter! – übt. Nächstenliebe bewährt sich nun darin, dass dies in einer Art und Weise geschieht, die sich an der Goldenen Regel bewährt: „Was du nicht willst, dass man dir tu', das füg auch keinem andern zu." Um der Liebe willen kann man dann auch einmal auf Rechte verzichten, kann schweigen, wo man sich auch hätte beklagen können, oder kann mehr tun, als von einem gefordert wäre. Das alles dürfte durchaus im Geist Thereses sein.

Mission

Wie viele Gläubige in ihrer Zeit, so begeisterten sich auch die Martins für die Mission. Therese entwickelte bereits in ihren Jugendjahren den leidenschaftlichen Wunsch, Missionarin zu werden. Aufschlussreich dafür ist, was Céline im Seligsprechungsprozess über die Jahre vor dem Karmeleintritt aussagte: „Das Ordensleben erschien ihr vor allem als ein Mittel, um Seelen zu retten. Dazu dachte sie sogar daran, Missionsschwester zu werden. Doch die Hoffnung, mehr Seelen durch die Abtötung und das Opfer ihrer selbst zu retten, bestimmte sie dazu, sich im Karmel einzuschließen. Die Dienerin Gottes vertraute mir selbst den Grund für diesen Entschluss an: um mehr zu leiden und dadurch mehr Seelen für Jesus zu gewinnen. Sie meinte, es sei für die Natur härter zu arbeiten, ohne jemals die Frucht der Anstrengungen zu sehen, ohne Ermutigung zu arbeiten, ohne irgendwelche Ablenkungen. Die beschwerlichste Arbeit von allen sei die, die man an sich selbst in Angriff nehme, mit dem Ziel, sich selbst zu besiegen" (PO 269f.). So versteht man auch besser, warum sie nach der berühmten Schilderung im Manuskript B mit ihrer Berufung zur „Karmelitin, Braut und Mutter" (Ms B 2v) nicht zufrieden scheint: Sie sucht danach, wie sie im Karmel gleichzeitig alle anderen Berufungen, gerade auch die apostolisch-missionarischen, umschließen kann und nicht von ihnen ausgeschlossen bleibt. Ihre Antwort lautet: „Im Herzen meiner Mutter, der Kirche, werde ich die Liebe sein, und so werde ich alles sein" (Ms B 3v).

Familie

Die hl. Therese vom Kinde Jesus ist gewissermaßen die Patronin auch der Familien. Nicht nur, dass sie ihre Familie und alle in ihr unendlich geliebt hat. Im Überschwang bekennt sie darum vor Pauline: „Théophane Vénard hat seine Familie sehr geliebt, und auch ich liebe meine ‚kleine' Familie sehr. Ich verstehe die Heiligen nicht, die ihre Familie nicht geliebt haben... " (CJ 21.–26.5.1). Der größte Teil ihres Lebens spielte sich ja im Schoß der Familie ab; fast vier Fünftel ihrer Briefe wenden sich an ihre Angehörigen. Auch im Karmel bildete die Liebe und Anteilnahme am Geschick der Ihren einen wesentlichen Teil ihres Daseins. Die Entwicklung von Thereses Frömmigkeit ist ohne ihre Eltern und Geschwister schlechthin undenkbar. Im Schoß der Familie hat sie Gott lieben gelernt, und alles darin wurde ihr zur großen Schule der Heiligkeit. Danach wurden ihr alle Beziehungen und Erlebnisse in der Familie zu einem Gleichnis für den Glauben, also zu einer Art ständigem Anschauungsunterricht für Gott und sein Verhalten gegenüber den Menschen.

Vater und Mutter waren ihr die großen Vorbilder einer Heiligkeit, die ganz klar und zugleich ganz zart war. Ergreifend ist es etwa, wie sie in ihrem Gedicht „Gebet der Tochter eines Heiligen" (PN 8) kurz nach dem Heimgang von Louis Martin diesen an alle seine Töchter erinnert: „Beschütze uns und bitte segne uns!“ Zusammenzugehören und zusammen Gott zu gehören wurde ihr in der Familie so selbstverständlich wie die Luft zum Atmen. Hier erlebte sie höchste Seligkeit und tiefstes Leid, jedoch stets verwandelt durch den Blick des Glaubens, den alle teilten. Hier erfuhr sie die Zuwendung und Fürsorge Gottes für sie alle, hier erlebte sie „viele Beweise der mütterlichen Vorliebe der Himmelskönigin für unsere Familie“ (Ms A 2r), und sie verstand ein solches gemeinsames Leben aus dem Glauben als etwas, was dem Teufel schweren Schaden zufügt (Ms A 27r). Denn nur durch das gemeinsame Ziel, durch eine allein darauf ausgerichtete Erziehung und tägliche Praxis sowie durch die gegenseitige Hilfe bei der eigenen Berufung konnten alle fünf Schwestern ihren Weg ins Kloster finden: Wie wunderbar haben ihr die vier früh verstorbenen Geschwister geholfen, ihre Skrupulanz zu überwinden.

Wie selbstlos unterstützt Céline ihre jüngere Schwester etwa auf der Romreise, während sie selbst und ihre eigene Zukunft zurückstehen. Wie viel Sorge hat Léonies schwieriger Charakter bereits Madame Martin gemacht, und wie nahe hätte es später gelegen, ihre diversen, manchmal ganz unüberlegten Versuche, in verschiedene Klöster einzutreten, bloß zu belächeln oder gar geringzuschätzen. Aber gerade an Léonie hat Therese gelernt, was es heißt, einem Menschen, der wie ein geborener Verlierer erscheint, geduldig und beharrlich beizustehen, bis er dann doch noch aufblüht und Frucht bringt. So bekräftigt ihr die dritte Tochter Martin: „Es tut mir gut, mit dir zu sprechen, ich weiß, obwohl du noch so jung bist, verstehst du mich“ (LC 56). Eine solche Treue zu denjenigen, die es mit sich selbst schwer haben und die es vielleicht auch anderen schwer machen, konnte Therese später vielfach unter Beweis stellen: In ungebrochenem Gehorsam gegenüber Mutter Marie de Gonzague und ihrer so ganz anderen Art als der der

Martins; in der täglichen Geduldsprobe angesichts der Marotte von Schwester Marie de Jésus, die bei der Betrachtung häufig mit den Fingernägeln an ihren Zähnen kratzte; in der Unterstützung für die cholerische, gehbehinderte Schwester Saint-Pierre; bei der geistlichen Wiedergenesung der schon einmal aus einem Karmel ausgetretenen Novizin Schwester Marie de la Trinité; selbst bei einem Mörder wie Pranzini, einem Zyniker wie Léo Taxil oder einem abgefallenen Karmeliten wie Hyacinthe Loyson, dem Vorkämpfer für die „Kirche des freien Geistes", für dessen Bekehrung sie ihre letzte Kommunion am 19. August 1897 aufopferte (CJ 19.8.2+a).

So führte sie ihr Familiensinn wie von selbst zu einem Sinn für die „communio sanctorum", die geistliche Verbundenheit aller Gläubigen. So erfährt sie auf ihrem Krankenlager von einem von Versuchungen bedrängten Seminaristen, Joseph de Cornière (1874–1939), und opfert ihre Leiden für ihn auf. Dieser erfährt davon und schreibt ihr einen bewegten Dankesbrief. Daraufhin ruft sie aus: „Es tut mir gut zu sehen, in wie kurzer Zeit man so viel Liebe und Dankbarkeit für eine Seele empfinden kann, die einem Gutes getan hat und die man bis dahin gar nicht kannte. Wie wird es dann erst im Himmel sein, wenn die Seelen diejenigen kennenlernen werden, durch die sie gerettet worden sind?!" (CJ 23.8.6). Und ihr ebenfalls schwer erkrankter Beichtvater, Abbé Louis-Auguste Youf (1842–1897) – er wird nur eine Woche nach Therese sterben – , drückt diese Verbundenheit mit den Worten aus: „Wir beenden gemeinsam unser Amt, Sie als Karmelitin, ich als Priester" (CJ 30.8.3).

Auf wunderbare Weise verbindet sie in der Familie also das ganz Menschliche mit dem Ewigen. Wie einfühlsam ruft sie in „Das Lied Célines" (PN 18) vom April 1895 ihrer Schwester alle Erinnerungen ihrer Jahre in der Welt wach, Weizenfelder und ferne Hügelketten, einsame Täler und irgendwo das Läuten einer Glocke, Blumensträuße und die Stiefel, die sie an Weihnachten an den Kamin stellten, das Lächeln der Mutter und ihren tiefen Blick, die Zärtlichkeit des Vaters und den langen Blick auf seine schneeweißen Haare, das Miteinander mit Therese im Belvédère und auf der Italienreise, doch auch nach der Freude die Tränen, die treue Pflege des Vaters. All das Menschliche ist nicht vergessen und wird nicht schlechtgemacht. Doch dann folgt der harte Schnitt: „Jetzt bin ich eine Gefangene" in der Klausur des Karmels, da Céline der Welt und ihrer Vergänglichkeit den Rücken gekehrt hat. In der Tat fiel Céline dieser Schritt sehr schwer, und ihr Anfang als Karmelitin war von Ernüchterung gekennzeichnet. Therese aber bemitleidet sie jetzt nicht oder beginnt gar, ihre Berufung anzuzweifeln. Vielmehr führt sie Céline vom Familiär-Menschlichen zum Übernatürlichen: „Wer Jesus hat, der hat alles." Fortan wird sie in ihm allein alle Schönheit der Schöpfung finden, denn er, der alles ins Dasein gerufen hat, er „folgt ihr allezeit mit einem Blick der Liebe". So endet dieser „Sonnengesang" aus Lisieux mit einem Ausblick auf die himmlische Vollendung, auf die hin alles Leben in der Welt ebenso wie im Kloster ausgerichtet ist.

Alles Irdische muss sich also auf das Ewige hin ausrichten. Doch dadurch wird es nicht vergessen und vernichtet. So ruft Therese entrüstet aus, als Pauline befürchtet, im Himmel werde Therese sich nicht mehr an sie erinnern: „Ach, wenn ich Sie vergessen würde, dann würden mich wohl alle Heiligen aus dem Paradies wie eine garstige Eule vertreiben" (CJ 15.6.4). Andererseits weiß sie aber auch genau: Das Menschliche ist nicht das Göttliche, und darum ist die Familie nur Gleichnis für Gott und sein Wirken und kann es nicht ersetzen. So schmerzlich darum der Tod ihrer Eltern war, so heftig sie auch jede Trennung empfand, alles lenkte sie letztlich doch auf den Herrn hin, bei dem allein ihre Seele an ihr Ziel kommen konnte. Trennung und Trauer zerstören darum eine christliche Familie nicht, sondern vollenden sie. Gott hat der Familie Martin aus dem

Grund so viele Gnaden geschenkt, dass sie ihre Glieder dafür bereiten kann, über die Familie hinauszuwachsen und die eigene Berufung zu finden: „Deine Liebe ist mir bereits in der Kindheit zuvorgekommen, sie ist mit mir gewachsen, und jetzt ist sie ein Abgrund, dessen Tiefe ich nicht ausloten kann. Liebe zieht Liebe an, und darum wirft sich meine Liebe dir entgegen, mein Jesus. Sie möchte den Abgrund ausfüllen, der sie anzieht, aber ach, sie ist weniger als ein Tropfen Tau, der sich im Meer verliert!... " (Ms C 35r).

Entgegen dem äußeren Anschein war ihr darum der Karmel alles andere als die Fortsetzung der Buissonnets mit anderen Mitteln – dagegen hat sie sich immer in äußerster Klarheit verwehrt: „Nicht um mit meinen Schwestern zusammen leben zu können, bin ich in den Karmel gekommen, sondern einzig und allein als Antwort auf den Ruf Jesu. Ach, ich hatte eine klare Vorahnung, dass es der Gegenstand beständigen Leidens sein würde, mit seinen Schwestern zusammen zu leben, wenn man der Natur keine Zugeständnisse machen will. [...] Ich bin glücklich, als Familie für die Ehre des Himmelskönigs zu kämpfen. Ich bin aber auch bereit, auf ein anderes Schlachtfeld zu fliegen, wenn der Göttliche General den Wunsch dazu äußern sollte" (Ms C 8v–9r).

Leiden

„Ich besaß eine große Fähigkeit zu leiden und eine sehr geringe zu genießen; Freude konnte ich nicht ertragen. Freude raubte mir zum Beispiel jeden Appetit, während ich an Tagen, als ich Kummer hatte, für vier essen konnte. Das ist das Gegenteil von dem, wie es bei allen anderen zugeht" (DE/G var 3/18). Die Wege Gottes sind geheimnisvoll. Therese, der Sonnenschein einer Traumfamilie, musste im Leben viel leiden. Vielleicht kann man darin aber die Vorsehung Gottes beinahe mit Händen greifen. Denn Therese, das Nesthäkchen der Familie, ihr Liebling und fast so etwas wie ein Kinderstar, wäre ohne Leid wohl auf dem besten Weg gewesen, verwöhnt und immer ein wenig selbstverliebt zu bleiben.

Wie selbstverständlich pocht sie im Gebet zu ihren verstorbenen Geschwistern zum Beispiel auf ihre Vorrechte als Jüngste: „Ich sprach zu ihnen mit der Direktheit eines Kindes und gab ihnen zu bedenken, dass ich als letzte in der Familie immer die am meisten Geliebte, die am meisten von meinen Schwestern mit Zärtlichkeiten Überhäufte gewesen war und dass, wären sie auf der Erde geblieben, sie mir sicher auch Beweise ihrer Zuneigung gegeben hätten... [...] Die Antwort ließ nicht auf sich warten. Bald strömte Frieden in meine Seele mit seinen kostbaren Wogen, und ich verstand, wenn ich auf Erden geliebt war, so war ich es auch im Himmel... " (Ms A 44r).

Bei den letzten Worten stutzt man nun doch. Was für ein seltsames Gesetz soll das denn sein: Der Liebling auf Erden wird dann auch noch der Liebling im Himmel? Lautet das Gesetz der Seligpreisungen nicht ganz im Gegenteil: Wer jetzt traurig, verachtet und verkannt ist, der ist selig im Himmelreich (vgl. Mt 5,3–12)? Soll das tröstlich sein: Wer während seines Lebens in der Zuneigung vieler anderer schwimmt, der wird dann auch noch in der Ewigkeit die Nase vorn haben gegenüber all jenen, die hier kaum je einen flüchtigen Sonnenstrahl an Liebe erhaschen durften? Oder bleibt nicht ein schales Gefühl, wenn sie freimütig bekennt: „Ich verstehe die Heiligen nicht, die ihre Familie nicht lieben" (CJ 21./26.5.)? Gibt es nicht gerade unter geistlich lebenden Menschen viele, denen ihre Familie eher zum Kreuz als zur Freude wird? Nein, es ist ein besonderes, wohl eher seltenes Gnadengeschenk – ganz besonders in unserer Zeit – , mit Eltern, Geschwistern und Verwandten ungetrübt in Frieden zu leben. So mahnt ja bereits das Evangelium: „Denkt nicht, ich sei gekommen, um Frieden auf Erden zu bringen. Ich bin nicht gekommen, um Frieden zu bringen, sondern das Schwert. Denn ich bin gekommen, um den Sohn mit seinem Vater zu entzweien und die Tochter mit ihrer Mutter und die Schwiegertochter mit ihrer Schwiegermutter; und die Hausgenossen eines Menschen werden seine Feinde sein“ (Mt 10,34–36).

Aber Therese ist intelligent und feinfühlig genug, um selbst um die Gefahren der Vielgeliebten zu wissen. Als sie von den Besuchern bei Madame Papineau mit Komplimenten für ihr schönes Haar und ihr hübsches Aussehen überschüttet wird, erkennt sie: „So leicht ist es, sich auf den mit Blumen bestreuten Pfaden der Welt zu verirren... “ (Ms A 40r). Doch um die Gefahren nur zu wissen wäre zu wenig. Gott führt jede Seele auf dem Weg, der ihr der beste ist, um sich von solchen Gefahrenpunkten zu reinigen, und so hat er Therese schon seit ihren frühesten Tagen neben viel Liebe auch manches Leid geschickt. So kann sie im Rückblick bekennen: „Im Schmelztiegel äußerer und innerer Prüfungen ist meine Seele gereift, und nun erhebe ich den Kopf wieder wie eine Blume, die von einem Gewitterregen gestärkt ist, und ich erkenne, dass sich an mir die Worte des Psalms 22 [vom guten Hirten] erfüllen. [...] Allezeit erwies der Herr mir sein Mitgefühl und lauter Güte... “ (Ms A 3rv). Damit ist Thereses Auffassung vom Leiden auch schon umrissen: Es ist ein Ausdruck der besonderen Liebe Gottes!

Das ist nun freilich für heutige Ohren keine leichte Botschaft. Therese selbst hatte es da in gewisser Weise einfacher. Denn eine Frömmigkeit, für die Opfer, Geduld im Leiden oder gar freiwillig übernommene Lasten im Mittelpunkt standen, ihre durch und durch fromme Erziehung, das Vorbild vieler anderer, auch die Häufigkeit und Selbstverständlichkeit, mit der fast jedem Menschen damals im Laufe seines Lebens mehrfach Schicksalsschläge widerfuhren und er fast täglich kleinere oder größere Kreuze zu tragen hatte, all diese Faktoren wirkten mit, dass sie das Leid niemals überraschte. Im Gegenteil, beherzt steuert sie schon als junges Mädchen darauf zu, wenn sie dem Herrn verspricht: „Ich will keine halbe Heilige sein. Für Dich zu leiden macht mir keine Angst“ (Ms A 10v). Leid – in welcher Gestalt auch immer es sich ihr nähert – stellt für sie also niemals eine Katastrophe dar, wird niemals zur Erschütterung ihres Gottesbildes oder zum Zweifel an der Liebe Gottes. Sie erkennt darin vielmehr die liebende Hand Gottes, der ihr Herz weit macht für die ganze, die ausschließliche Liebe zu ihm. Alles Hängen am Irdischen, alles Gefallen an sinnlichem Wohlgefühl oder auch aller geistige Stolz, sie werden im Gewittersturm des Leidens weggespült: „Ich musste durch den Schmelztiegel der Prüfung gehen und bereits in meiner Kindheit leiden, um Jesus früher geschenkt zu werden. Gleichwie die Frühlingsblumen schon unter dem Schnee austreiben und in den ersten Sonnenstrahlen aufblühen, so musste die kleine Blume, deren Erinnerungen ich niederschreibe, durch den Winter der Prüfung schreiten...“ (Ms A 12r). So führt das Leid zur Hingabe; es macht die Liebe zu Gott immer reiner und ungeteilter.

Reinigung führt zur Hingabe, das gilt besonders für die Befreiung davon, sein Leben vom Wohlbefinden bestimmen zu lassen. Es gibt kaum einen Punkt, an dem Thereses Lehre aktueller wäre. Denn die Gegenwart lässt das ganze Leben von der Logik des Konsums bestimmen: „Kenne deine Bedürfnisse und suche Wege, sie zu befriedigen! Lebe aus, was dein Gefühl dir sagt!“ Therese (und mit ihr die gesamte geistliche Tradition) weiß dagegen: Das ist der beste Weg in die freiwillige Sklaverei. Denn dann übernimmt die Sinnlichkeit, das Empfinden, die augenblickliche Stimmung und überhaupt die materielle Befindlichkeit das Kommando. Jeder Gedanke an Gott trocknet aus oder – noch schlimmer! – wird davon verzerrt, beim Beten erhebende Erfahrungen machen zu wollen. Gott selbst wird mit der gefühlten Freude an ihm verwechselt. Kreuz, Wüste und Nacht sind darin schlechthin nicht mehr vorgesehen. Therese setzt dagegen: „Schauen wir das Leben an, so wie es wirklich ist.... Ein Augenblick zwischen zwei *Ewigkeiten*....... Leiden wir in *Frieden!*...... Ich muss zugeben, das Wort Frieden schien mir ein bisschen übertrieben, aber als ich einmal darüber nachdachte, fand ich das Geheimnis, in Frieden zu leiden..... Wer *Friede* sagt, sagt nicht Freude, zumindest nicht *gefühlte* Freude...... Um in Frieden zu leiden, genügt es, alles zu wollen, was Jesus will..." (LT 87).

Entscheidend also ist die Frage: „Entspricht mein Verhalten in allem dem Willen Jesu? Lebe ich nach seinen Geboten? Bemühe ich mich darum, mich im Tun und Beten ihm anzugleichen? Oder bin ich in die leidvolle Situation bloß aus eigener Schuld hineingeraten und muss jetzt die Folgen tragen?" Dieses Bewusstsein, „alles zu wollen, was Jesus will", fegt Enttäuschung, Schmerz oder selbst Gefühlsstürme nicht beiseite, aber es lässt sie in Frieden ertragen. Gerade dadurch wird die Sinnlichkeit gereinigt; so sehr bestimmte Empfindungen wie Angst und Schmerz auch natürlich sind, nun lernt jemand, sich von ihnen nicht bestimmen zu lassen. Dadurch wird die Liebe zum Herrn und seinem Willen reiner, selbstloser und damit immer heiliger. Das Leid hat einen Sinn.

Ein zweites tritt neben Reinigung und Hingabe durch Leid. Es ist die Prüfung. Auch diese Wahrheit war Thereses Zeit selbstverständlich: Gott prüft die Treue seiner Gläubigen. Sie sollen nicht sein wie der felsige Boden bei der Aussaat des Wortes Gottes: „Sobald sie es hören, nehmen sie es freudig auf; aber sie haben keine Wurzeln, sondern sind unbeständig, und wenn sie dann um des Wortes willen bedrängt oder verfolgt werden, kommen sie sofort zu Fall" (Mk 4,16f.). Alltägliche Prüfungen hat Therese immer wieder erlebt, so anlässlich der so anschaulich beschriebenen Enttäuschung des kleinen Mädchens beim Ausflug, als sie die schöne Schnitte Marmeladenbrot, die Pauline zubereitet hatte, aus ihrem Körbchen hervornahm. Doch, o Schreck!, „statt ihrer kräftigen Farbe erblickte ich nur noch eine andeutungsweise rötliche Färbung, die ganz eingetrocknet und in sich zusammengesunken war... Da kam mir die Erde noch trauriger vor, und ich begriff, dass erst im Himmel die Freude wolkenlos sein würde... " (Ms A 14v).

Große Prüfungen zeichnen alle Phasen ihres Lebens: Krankheit und Tod der Mutter in der Kindheit, rätselhafte Erkrankung nach Paulines Karmeleintritt, Skrupulanz und Überempfindlichkeit in der Jugend, der Kampf um den Karmel an der Schwelle zur Lebensentscheidung, Trockenheit und Mitleid mit der Erniedrigung des Vaters nach dem Karmeleintritt sowie Tuberkulose und Glaubensprüfung in ihren letzten beiden Lebensjahren. Jede dieser Prüfungen verstand sie sofort als Erprobung ihrer Liebe zu Gott. So drückt sie den Sinn all der beschwerlichen Wege und Umwege bei der Verwirklichung ihrer Berufung so aus: „Doch viele schmerzliche Prüfungen sollten meine Berufung noch erproben" (Ms A 50v). Denn erst in der Prüfung, wenn also nicht äußerer Erfolg und inneres Wohlbefinden die Freude an Gott nahelegen und die Treue zu ihm leichtfallen lassen, zeigt sich, ob das Haus des Glaubens auf Fels oder auf Sand gebaut ist (vgl. Mt 7,24–27).

Eine dritte Lektion über den Sinn des Leides hält Therese bereit: Es öffnet das Herz zu wahrem Mitgefühl und zur Nächstenliebe. Anschaulich umschreibt sie diese Weitung des Herzens am Ende ihres Lebens angesichts ihrer Krankheit und der erfahrenen Zuwendung: „Seitdem ich krank bin, hat mir die Pflege, die Sie mir zukommen lassen, ebenfalls viel Einsicht in die Nächstenliebe geschenkt. Keine Arznei ist Ihnen zu teuer, und wenn sie nicht hilft, dann versuchen Sie es unermüdlich mit etwas anderem. Was für eine Rücksicht zeigten Sie doch, wenn ich mich zur Rekreation begab, dass ich einen guten Platz erhalte, wo es nicht zieht! Wollte ich aber alles aufschreiben, käme ich an kein Ende. Wenn ich an all das dachte, sagte ich zu mir, dass ich ebensoviel Mitgefühl für die geistlichen Krankheiten meiner Mitschwestern haben müsste, wie Sie, meine liebe Mutter, es mit Ihrer so liebevollen Pflege mir gegenüber zeigen" (Ms C 27v).

Im Karmel wurde Mitgefühl geradezu zum unveränderlichen Kennzeichen Thereses. So erinnert sich ihre Mitschwester Thérèse de Saint Augustin, der gegenüber Therese zunächst eine starke Antipathie empfand, welche sie jedoch so vollkommen überwand, dass diese Schwester sogar an eine richtige Freundschaft glaubte (vgl. Ms C 13v–14r): „Sie war erfinderisch dabei, Mitschwestern ihr Mitgefühl zu zeigen, von denen sie wusste, dass sie krank oder angefochten waren. Mit einem entzückenden Feingefühl sprach sie ein Wort oder begnügte sich damit zu lächeln, wenn sie nicht mehr tun konnte. Diese Sympathie aber ging unmittelbar zu Herzen. Sie war echt, das war einem klar. Um sie herum herrschte eine Aura des Friedens. Man fühlte sich wie bei einem Engel" (PA 334).

Es ist darum vielleicht nicht übertrieben, Thereses ausgesprochenen Sinn für die Barmherzigkeit Gottes mit ihrem vielfach erfahrenen Leid in Verbindung zu bringen. Das ist auch nur zu gut verständlich. Denn solange jemand sein Leben weitgehend selbst im Griff hat, solange er seine Vorstellungen und Wünsche in die Tat umsetzen kann, herrscht bei ihm die Aktion vor. Die Welt ist dazu da, die eigenen Pläne zu verwirklichen. Dabei kann er durchaus freundlich mit anderen umgehen, kann viele Freunde haben und gut in ein geordnetes Leben eingebettet sein. Und doch beruht sein Verhalten wohl zumeist auf einem erfolgreichen Geben und Nehmen; er ist in vielem wie ein gewiefter Händler. Andere werden nur dann interessant, wenn sie für ihn selbst Vorteile versprechen. Im Leid dagegen ändert sich diese Sichtweise grundlegend. Der Mensch ist nun angewiesen auf andere, die ihm selbst gegenüber nicht berechnen und zählen, ganz wie Thereses es hier bei Mutter Marie de Gonzague erlebte. Leid lässt die Brüchigkeit eines Daseins der bloßen Aktion erkennen, so als bestünde Glück bloß darin, alles zu erhalten, was man sich wünscht. Und schließlich und vor allem öffnet das Leid die Augen für die vielen, die selbst von Leid betroffen sind. Dass bis heute Unzählige Therese als eine Schwester, Freundin und treue Begleiterin verehren, hat sicher nicht unwesentlich damit zu tun, dass sie ihr großes Herz erkannt haben und in ihm auch für ihr eigenes Leid einen Platz erhoffen dürfen.

Noch ein viertes Element des Verhaltens im Leiden ist für Therese sehr charakteristisch. Sie, die um ihre Schwäche vor allem in ihrer Kindheit weiß, schmilzt hin vor Dankbarkeit darüber, dass Gott einem Menschen niemals ein Leid schickt, das über seine Kraft hinaus geht. Therese bekennt freimütig, wie sie erst spät die Kraft hatte, die Krankheit ihres Vaters zu ertragen: „Wie ist der Liebe Gott doch gut!... Wie passt er die Prüfungen doch den Kräften an, die er uns schenkt. Niemals hätte ich, wie gesagt, [sc. als Kind] auch nur den Gedanken an die bitteren Leiden ertragen können, die die Zukunft für mich bereithielt ... Ich konnte nicht einmal daran denken, dass Papa sterben könnte, ohne zu zittern... " (Ms A 21r). So kreuzen auch die Gedanken zum Sinn des Leidens Thereses kleinen Weg. Tragend für sie ist die Gewissheit, bei Gottes väterlicher Liebe schwach sein zu können. Alles Elend, Verzweiflung, Trauer und Ohnmacht, die ein plötzlicher Schlag oder eine lange anhaltende Last mit sich bringen, sie trennen nicht von Gott. Sie helfen einem Menschen vielmehr, sich nach ihm auszustrecken und sich in all der eigenen Armut in Gottes Hand zu wissen. Denn Gott schickt nichts blind und kalt. Alles, was geschieht, kommt aus seiner Liebe und führt einen Menschen hin zu seiner Liebe.

Wenig beachtete Züge Thereses

Vertrauen und Liebe, kleine, alltägliche Werke, Barmherzigkeit und Hingabe, Jesus eine Freude machen, Liebe zur

Familie, Nächstenliebe, besonders gegenüber den am Rand Stehenden, das sind die bekannten, immer wiederholten Leitgedanken Thereses. Doch daneben stehen andere Züge Thereses, die nicht weniger zu ihr gehören. Wie erwähnt, ist da zunächst ihre außergewöhnliche Intelligenz zu nennen, verbunden mit einem frischen, stets nachfragenden Geist. Nicht weniger wichtig ist ihr Kampfgeist, ohne den ihr Bild bald ins Allzulieb-Liebliche verkommt.

Die Vorfahren der Martins und der Guérins gehörten zum Militär, und ihre Zeit liebte das Heroische, den Kampf und die Ehre. Für Therese gilt dies nicht weniger. Jeanne d'Arc, das Hirtenmädchen, das die Heere des Königs anführt, war eine Heilige so ganz nach ihrem Geschmack. Doch Kampf hieß für sie vor allem Hingabe von Leib und Leben, das Martyrium, wie eben bei Jeanne d'Arc, bei ihren geliebten altrömischen Heiligen Agnes und Cäcilia oder bei dem zeitgenössischen Missionar und Märtyrer in Indochina, Théophane Vénard (1829–1861), dessen Biographie und dessen Briefe sie las und mit dem sie sich leidenschaftlich identifizierte. Schon ans Bett gefesselt, bekannte sie: „Wenn ich daran denke, in einem Bett zu sterben! Ich wäre doch so gerne in der Arena gestorben" (DE/G Varia 3/11). Dabei dachte sie daran, dass sie bei besserer Gesundheit vielleicht in den armen, von Räubern heimgesuchten Missionskarmel nach Hanoi gesandt worden wäre, also in jenes Land, in dem Théophane Vénard das Blutzeugnis für Christus abgelegt hatte. Das Martyrium stellte für sie den „Wunsch ihrer Jugend dar" (Ms B 3r), ihre „Weihe an die barmherzige Liebe" sollte sie bis dazu hinführen, eine Märtyrerin zu sein (Pri 6), und jetzt konnte sie sich nur damit trösten, dass das Martyrium des Herzens nicht geringer als das des Blutes sei (LT 213 an Maurice Bellière, vgl. LT 226 an Adolphe Roulland) und dass das Ordensleben eine vergleichbare Ganzhingabe darstelle. Kurz, „aus Liebe zu sterben ist ein überaus süßes Martyrium" (PN 17,14).

Zu kämpfen, sich nicht zu schonen, alles in die Waagschale zu werfen, sich besonders auszeichnen zu wollen, anstatt sich am Durchschnitt zu orientieren, das sind die zeitlosen Haltungen jeder Generation, die nach Heiligkeit strebt. Oben schon einmal angeführt wurde das kämpferische Wort der hl. Teresa von Avila, die ihre Schwestern zum geistlichen Kampf, zur „militia Christi", aufforderte, indem sie sie mit Soldaten verglich, die eine belagerte Stadt verteidigen. Wenn ihre Zahl auch gering sei, so würde ihre Tapferkeit diesen Umstand doch mehr als wettmachen. Solche Haltungen fanden bei Therese also ein lebhaftes Echo. Schön sind sie in ihrem Gedicht „Meine Waffen" (PN 48) zusammengefasst, das sie zur Profess ihrer Kusine Marie de l'Eucharistie (Marie Guérin) am 25. März 1897 geschrieben hat und dabei auch Céline vor Augen hatte, da sie zu deren Profess ein Jahr zuvor keinen Gesang verfassen durfte. Was Therese persönlich in diese Welt des geistlichen Kampfes einbringt, das ist die bräutliche Liebe einer geweihten Jungfrau, für die der Kampf nicht Rechthaberei und Machtstreben ist, sondern das Verlangen danach, dass Jesu barmherzige Liebe überall bekannt gemacht werde:

> „Wie ein Soldat besitz ich mächt'ge Waffen,
> an Tapferkeit bleib ich da nicht zurück.
> Doch wie die Braut im Glanze ihres Gottes,
> singt's auch in mir noch mitten in dem Streit.
> Das lässt die Saiten meiner Lyra klingen –
> die Lyra ist, du weißt es, Herr, mein Herz.
> So kann ich dein Erbarmen nun besingen,
> wie mächtig und wie sanft es ist."

Dabei ist sie sich durchaus ihrer Schwäche bewusst. Dennoch – und das ist wichtig für ihren kleinen Weg – will sie ihre Schwäche nicht zum Vorwand für Untätigkeit nehmen: „So oft bekam ich zu hören, ich wäre tapfer. Es war so wenig Wahres daran, dass ich mir schließlich sagte: Man darf doch nicht alle Lügen strafen! So habe ich mich denn mit Hilfe der Gnade darangemacht, diese Tapferkeit zu erlangen. Ich stellte es wie ein Soldat an, der Glückwünsche zu seiner Kühnheit zu hören bekommt, obwohl er doch ganz genau weiß, dass er nur ein Feigling ist, und der sich am Ende der Komplimente schämt und sie verdienen möchte" (CJ 21./26.5.6). So erweist sich ihr kleiner Weg vor allem als unbeugsamer Mut, niemals aufzugeben und mit Gottes Hilfe bis zum Ende durchzuhalten: „Ich habe überhaupt keine Angst vor den letzten Kämpfen und den Schmerzen der Krankheit, so groß sie auch sein mögen. Der liebe Gott hat mich immer unterstützt. Seit meiner zartesten Kindheit hat er mir geholfen und mich bei der Hand genommen... Ich zähle auf ihn. Ich bin sicher, dass er mir seine Unterstützung auch weiterhin bis zum Ende geben wird" (CJ 27.5.2).

So darf man auch die Willensstärke, ja die geradezu wilde Entschlossenheit Thereses nicht unterschätzen. Ähnlich wie beim hl. Franz von Sales war ihr Charakter ja alles andere als blass und kühl, rasch stiegen in ihr die Emotionen hoch, besonders bei Ungerechtigkeiten, und mehr als einmal musste sie mühsam um Selbstbeherrschung ringen und konnte ihr Heil nur in der Flucht suchen. Einmal wird sie von einer älteren Mitschwester vor der krank darniederliegenden Priorin angeklagt, sie habe diese durch Ungeschick aufgeweckt: „Ich war vom genauen Gegenteil überzeugt und hatte mächtig Lust, mich zu verteidigen. Zum Glück kam mir eine Erleuchtung. Ich sagte mir, wenn ich mich jetzt zu verteidigen anfinge, würde ich sicher nicht den Seelenfrieden bewahren können. Mir war auch bewusst, dass ich nicht genug Tugend besaß, um mich anklagen zu lassen, ohne ein Wort zu erwidern. So war denn mein letzter Rettungsanker die Flucht. Gesagt, getan, ohne alle Pauken und Trompeten zog ich ab und ließ die Schwester ihre Rede weiter halten, wobei sie dem Camillus glich, der seine Verwünschungen gegen Rom ausstieß. Mein Herz pochte so heftig, dass ich nicht weit weggehen konnte. Ich setzte mich im Treppenhaus nieder, um in Frieden die Früchte meines Sieges auszukosten. Das stellte nicht gerade eine Tapferkeit vor dem Feind dar, nicht wahr, meine Mutter? Aber ich meine doch, ist es nicht besser, sich nicht dem Kampf zu stellen, wenn die Niederlage sicher ist? Ach, wenn ich mich in die Zeit meines Noviziates zurückversetze, da erkenne ich, wie unvollkommen ich damals war... Ich verlor den Mut bei solchen Kleinigkeiten, dass ich heute nur darüber lache" (Ms C 15r).

Doch nicht immer ist Schweigen Gold. Céline geriet im Blick auf ihre Profess in ein lähmendes Hin und Her zwischen den beiden Oberinnen, Mutter Marie de Gonzague und Mutter Agnès. Gewissermaßen aus taktischen Gründen sollte ihre Profess verschoben werden. Therese erkennt, wie ihre Schwester darunter zu zerbrechen droht. Hat sie nicht schon allzuviele Jahre in der treuen Pflege ihres Vaters auf den Karmel warten müssen? Und so ruft Therese erregt aus: „Da handelt es sich um eine Prüfung, die man jemandem nicht auferlegen darf!" (vgl. CG 1182–1185).

Ein unvollendetes Bild

Ein Bild Thereses zu entwerfen – wie soll das gehen? Auf den bisherigen Seiten wurde der Lebenslauf von Thérèse Martin nachgezeichnet und einige Züge ihrer Lehre umrissen. Das meiste daran blieb Skizze, gemalt mit einem dicken, groben Kohlestift. Die Feinheiten gingen verloren, jene unendlich vielen Details, die ihr Leben so frisch und ihre Lehre so packend machen. Allein die Korrektur von Verzeichnungen bei vielen Theresebildern nahm schon so viel Raum ein, dass sich der Eindruck aufdrängt: Therese zu verstehen könnte eigentlich jetzt erst beginnen. Das wäre gewiss nicht die schlechteste Lesefrucht dieses Buches: Sich gewissermaßen mit einem nicht ganz unkenntlichen Bild in der Hand auf die Suche zu begeben, um Therese selbst zu begegnen und sie in dieser persönlichen Begegnung immer besser kennenzulernen. Therese selbst, das sind vor allem ihre Schriften, aus denen sie spricht. Sie wird dabei an vielen Stellen herausfordernder, manchmal auch widersprüchlicher erscheinen als bei manchen ihrer Interpreten. Sicherlich ist sie nie auf einen Punkt zu bringen, und wenn es bei etwas für sie so Kostbarem wäre wie der Liebe zur Barmherzigkeit Gottes oder der geistlichen Kindschaft. Nicht weniger begegnet Therese selbst jedem, der sich im Gebet an sie wendet. Denn in ihrem ausgesprochenen Feingefühl ist sie rasch jedem Menschen, jeder Situation und jeder Frage und Not nahe. Es kommt zu einer wirklichen Begegnung, und dabei hört ihr Rosenregen nicht auf, Trost, Gnaden und Erleuchtungen vom Himmel herabsinken zu lassen.

Was also ist das wahre Bild Thereses? Die Worte des Romantikers Novalis über die Mutter Gottes gelten in mancherlei Hinsicht auch für Therese:

„Ich sehe dich in tausend Bildern,
Maria, lieblich ausgedrückt,
Doch keins von allen kann dich schildern,
Wie meine Seele dich erblickt."

Die vielen Therese-Bilder sind stets zu überschreiten und sie selbst ist zu fragen: „Therese, wer bist du? Was hast du zu sagen?" Darum soll abschließend nicht versucht werden, an einem eigenen Therese-Bild die letzten Pinselstriche vorzunehmen. Vielmehr sollen einige Hinweise zur ungebrochenen Ausstrahlung ihres Bildes genügen. Wie nämlich kam es so rasch nach ihrem Tod zu einem „Sturm der Verehrung" (Pius XI.)? Und wie kommt es, dass diese jung verstorbene Karmelitin aus Lisieux noch mehr als 110 Jahre später Unzählige in aller Welt fasziniert? Geschah dies durch die zweifellos kräftig betriebene Propaganda aus dem Karmel von Lisieux? War es dem frommen katholischen Milieu geschuldet, das nur auf einen Liebling gewartet hat? Waren es ihre unschuldig leuchtenden Kinderaugen, denen sich kaum jemand entziehen kann? All das hätte allenfalls einen Sturm im Wasserglas verursachen können, mehr nicht. Nein, keine andere Antwort lässt sich geben als schlicht und einfach: Gott selbst hat sie zur Heiligen unserer Zeit erwählt. Durch ihre Ausstrahlung wollte und will er Unzählige zu Glauben und Heiligkeit führen. Indem Therese eine große Menschlichkeit und eine grenzenlose Sehnsucht nach Heiligkeit miteinander verbindet und indem sie auch in größten Schwierigkeiten, in Ohnmacht und Elend niemals dieses Ziel aufgibt, zeigt sie jedem Menschen guten Willens: Gleich was im Leben kommt, es gibt immer einen Weg zu Gott.

Am Anfang ihrer Ausstrahlung stand ein Buch, die „Geschichte einer Seele". Aus der Intimität von Familienerinnerungen und kleinen klösterlichen Aufmerksamkeiten entstanden, mit einem liebenden Herzen und mit einer überaus frischen Feder verfasst, ist die „Geschichte einer Seele“ zu Recht zu einem der größten Bestseller katholischer Literatur geworden. Da ist ein Leben, dessen Auf und Ab geradezu mit Händen zu greifen ist: Man meint, Mutter Zélie keuchen zu hören, als sie in höchster Not ihre Jüngste zur Amme nach Semallé bringt, oder Thereses Gesicht an jenem Weihnachtsabend 1886 zu sehen, den Stiefel für die Bescherung in der Hand und das Gesicht aufgrund der launischen Worte ihres Vaters versteinert, oder ihre leuchtenden Augen, als bei ihrem Schleierfest gegen alle Erwartung Schnee gefallen ist. Protagonist dieses Lebens, spannender als ein Krimi, aber ist nicht dieses normannische Mädchen, sondern der Unsichtbare, um den ihr ganzes Dasein kreist: Jesus. So ist es die Geschichte dieser Seele mit ihrem Vielgeliebten, und sie ist gleichzeitig so menschlich und so heilig, dass sich jedem Leser unwillkürlich die Frage aufdrängt: „Könnte ich nicht ebenfalls eine solche Geschichte haben?“

Vier Umstände kommen wohl noch hinzu, warum Therese so recht eine Heilige der Gegenwart wurde: Es ist die Geschichte einer Jugend, einer Frau und eines Menschen, der sich seiner Schwäche vollkommen bewusst war. Und schließlich ein vierter Umstand: Diese Geschichte fing erst an, als sie, irdisch gesehen, am 30. September 1897 zu Ende kam. Der Rosenregen, die unvorstellbare Flut von Gebetserhörungen, Wundern, Gnaden und Trost, die von ihr ausgingen und die bis heute nicht abreißen, zeigen, dass sie wie der hl. Paulus nicht „durch gewandte und kluge Worte“ überredet, sondern verbunden „mit dem Erweis von Geist und Kraft“ (vgl. 1 Kor 2,4).

Jugend, Weiblichkeit und die Verwandlung der Schwäche, jeder dieser drei ersten Umstände trifft unsere Zeit ganz besonders. Jugend – Kardinal Jean-Marie Lustiger hat die Jugendlichkeit Thereses als Schlüssel zur Begeisterung vieler erkannt; Hans Urs von Balthasar hat von der göttlichen Jugend und dem Feuer Thereses gesprochen, gegenüber dem jeder andere alt erscheint; Papst Johannes

Paul II. hat die beständige Jugendlichkeit der Heiligen unterstrichen, wenn er sagte, dass „die Heiligen praktisch nie veralten, sie verlieren nie ihre Gültigkeit. Sie bleiben ständig Zeugen für die Jugend der Kirche. Sie werden nie Menschen der Vergangenheit, Männer und Frauen von gestern. Im Gegenteil: sie sind immer die Männer und Frauen von morgen, Menschen der im Evangelium verheißenen Zukunft des Menschen und der Kirche, Zeugen der kommenden Welt." Für wen würde das mehr gelten als für Therese? Jugend, das ist die Zeit der großen Möglichkeiten und der reinen Entschlüsse, die Zeit des Idealen und der Begeisterung, die Zeit, da große Worte an der Zeit sind und noch nicht hohl klingen. Kurz, es ist die Zeit leidenschaftlicher Liebe. Und dieser Jugendzeit sagt die zarte jüngste Tochter der Martins nun: Es gibt nur eine wirkliche Liebe, Jesus, und wer ihr nicht alles hingibt, weiß nicht, was er tut. Wie sollte dieses „Ganz oder gar nicht" von Thereses Jugend nicht ganz besonders einer Zeit wie der unseren gelten, die in vielerlei Hinsicht alt geworden ist, skeptisch, dem Augenblick und dem Wohlbefinden verhaftet, zu kaum einem Opfer bereit außer zu dem, was die eigenen Interessen fördert? Was wäre gewesen, wenn Therese 80 Jahre alt geworden wäre? Niemand weiß es, aber weil Gott sie bereits im jugendlichen Alter heimgerufen hat, wird sie allezeit als jugendliche Heilige am Himmel leuchten.

Weiblichkeit – in Thereses Zeit begann bereits die Bewegung zugunsten der Selbständigkeit der Frau. In Politik, Beruf und öffentlichem Leben ebenso wie im Verhältnis zum Mann, in der Familie und bei der Erziehung erschlossen sich Frauen zuvor ungeahnte Möglichkeiten des Wirkens und der Selbstverwirklichung. Ob dabei aber das, was eine Frau zu verwirklichen hat, nicht manchmal aus dem Blick geraten ist? Zumindest soviel lässt sich sagen: Die Rollenunsicherheit beider Geschlechter, der Verlust einer eindeutigen moralischen Ordnung und damit auch das Konfliktpotential sind gestiegen. Katholischerseits wird manchmal gegen diese Entwicklungen nur eine Vergangenheit beschworen, die doch so golden nicht war. Oder man übt sich in einer Metaphysik der Geschlechter, sucht das ewig Weibliche – und verhebt sich nicht selten an den eigenen Spekulationen. Oder man geht eben mit der Zeit, ist ganz besonders gründlich frauenbewegt, erhebt das *gendermainstreaming* zum elften Gebot, verschließt dabei aber die Augen vor den Ambivalenzen jeder gesellschaftlichen Entwicklung; nichts Neues bringt nur Fortschritt und nicht auch Verlust. Und da soll ausgerechnet das brave Mädchen einer traditionellen französischen bürgerlichen Familie Antworten bereithalten?

Gewiss, und zwar gerade durch das, was sie am meisten kann: genau beobachten, lebendig erzählen und alles auf Gott beziehen. Sie hält gar nicht ein einziges Bild der Frau schlechthin bereit, sondern sie weiß, wie das Hin und Her des Lebens, wie die Verschiedenheit der Charaktere und der Umstände die eine Frau hierhin, die andere dorthin tragen kann. Sie weiß auch um die Grenzen jedes Lebens, die Schwächen, die man nicht abschütteln kann. Doch bei all dem Zufälligen des Lebens ist ihre Botschaft doch einfach: Genau von dem Ort aus, an dem man steht, darf man nicht aufhören, nach Gott zu suchen, ihm zu vertrauen und ihn zu lieben. Wohin Gott einen dann zieht, das ist die vollste Verwirklichung des Menschseins und darum auch des Frauseins.

Auf diesem Weg wurde Therese selbst in Regionen der Weiblichkeit getragen, die man nur bewundern kann. So sehr sie eine gefühlvolle, liebesbedürftige und liebesbegabte Seele besitzt, so sehr hat sie doch auch durch viele Prüfungen und Trockenheiten hindurch gelernt, sich in nichts von ihrem Gefühl bestimmen zu lassen. Umso mehr legt sie ihre Liebe in Taten, in nüchterne, unscheinbare Werke oder – vor allem in ihrer Glaubensprüfung – in unzählige Glaubensakte. Da erscheint das Bild einer Frau, die bei allen hohen Worten doch sehr praktisch und handfest ist, genau beobachtend und rational, bei aller Verletzlichkeit doch auch selbstbewusst und ganz sicher in ihrem Auftreten. Und schließlich, wie gesehen, darf man das Kämpferische bei ihr nicht unterschlagen. Frausein bedeutet für sie nicht, den Frieden um jeden Preis zu suchen, zu harmonisieren und konfliktscheu zu sein. Sie kennt den Ernst des Lebens, sie weiß, dass es nicht gleichgültig ist, wie man sich verhält, und darum scheut sie selbst davor nicht zurück, sich bei ihren Novizinnen unbeliebt zu machen, wenn es um der Wahrheit willen notwendig ist.

Der kleine Weg ist ein Weg der Verwandlung: „Ja, damit die Liebe zufrieden ist, muss sie sich erniedrigen, muss sich erniedrigen bis zum Nichts und dieses Nichts in *Feuer* verwandeln..." (Ms B 3v). Die Moderne hat den Menschen gewaltige Freiräume beschert, wie sie ihr Leben gestalten können. Doch diese Freiheit hat einen Preis: den Verlust verlässlicher Bindungen und Traditionen. Menschliche Existenz wird ungesichert. Die Sicherungen des Sozialstaates können jemanden zwar äußerlich vor dem freien Fall ins Nichts bewahren, aber die frühere Festigkeit einer geordneten Welt, von vertrauten Gesichtern an der Seite und von Treue und Beständigkeit in Werten, Verhalten und Umgang können sie nicht ersetzen. Damit wird in der Moderne aber auch die Frage danach, was dem Ich Sicherheit und Kraft gibt, entscheidend. Ein beträchtlicher Anteil an der neueren Spiritualität – so ungeformt, ja manchmal wenig christlich sie auch sein mag – wächst aus diesen Fragen: „Bei wem bin ich geborgen? Für wen bin ich mehr als ein Mittel zum Zweck? Bin ich geliebt?" Solche Fragen werden besonders dann akut, wenn nicht alles wie am Schnürchen läuft – in der Jugend, bei persönlichen Umbrüchen und Krisen, bei der Suche nach Identität. An dieser Stelle wird Thereses kleiner Weg für viele zu einem Schlüssel dafür, wie der christliche Glaube sich angesichts von Schwachheit, Krisen, Versagen, Enttäuschung und Ohnmacht bewährt. Aus schmerzlicher Lebenserfahrung reifte in ihr die Erkenntnis, wie Gottes barmherzige Liebe einen Menschen, der bei den Spielen dieser Welt nicht immer zu den Gewinnern zählt – und wer ist das schon wirklich? – , verlässlich trägt und ihm einen Lebensinhalt gibt, den selbst ein Schwerstkranker noch verwirklichen kann: auf Gott zu vertrauen, ihn zu lieben und die Liebe in Taten zu legen, die zwar klein erscheinen mögen, die aber auch ihm noch möglich sind. So lehrt Therese, wie sich Schwäche in Liebe verwandelt.

Ein Letztes. Eines hat Therese unserer Zeit zweifellos voraus: einen unangefochtenen Glauben. Sie lebte in einer Pfarrei, sie lebte zusammen mit Gläubigen in der Familie, im Bekanntenkreis, in der Schule und natürlich im Kloster, die bei allen menschlichen Schwächen doch mit großer Selbstverständlichkeit das glaubten, was die Kirche glaubt. Selbst in der Prüfung ihres Glaubens am Ende ihres Lebens ist dieser ihr ja keineswegs zerbrochen. Sie hat vielmehr keinen Augenblick lang gezögert, gegen die inneren Stimmen der Versuchung, gegen all den Verlust an gefühlter Gewissheit doch ständig neu ihren Glauben, den Glauben der Kirche, zu beteuern: „Mein Gott, mit dem Beistand Deiner Gnade bin ich bereit, all mein Blut zu vergießen, um meinen Glauben (für jeden Artikel des Glaubensbekenntnisses) zu bekräftigen“ (Pri 19).

Dieser kirchliche Glaube ist der Humus, aus dem all ihre eigenen Aussagen wachsen. Ja, die Sicherheit des Glaubens gibt ihrem Sprechen eine herrliche Unbekümmertheit. Im Überschwang kann sie Dinge sagen, die sie selbst als Torheiten erkennt. Würde man aus solchen Sätzen ein theologisches System zimmern wollen, könnte man damit alles behaupten – und gleichzeitig sein Gegenteil. Da wirkt sie einmal völlig unbesorgt um jede Art von Schwachheit und Unvollkommenheit, nur um das nächste Mal wie ein Luchs hinter der kleinsten Unregelmäßigkeit ihrer Novizinnen hinterherzujagen. Da möchte man den kleinen Weg als beinahe lutherische Verneinung aller Werke feiern, nur um im nächsten Augenblick festzustellen, dass sie sich nicht die kleinste Gelegenheit zu Verdiensten entgehen lässt – nur dass sie diese als gute Karmelitin nicht für sich selbst nutzen möchte, sondern für andere. Da erscheint sie fast ihr ganzes Leben lang als eine Apotheose des christlichen Familiensinns, und ein Großteil ihrer Schriften ist ja auch unmittelbar an ihre Schwestern gerichtet und mit entsprechenden Liebenswürdigkeiten geziert.

Und doch entdeckt ein aufmerksamer Leser nach und nach einen ganz anderen Untergrund: das Eremitische, die freiwillige Einsamkeit vor Gott, wie sie ein wichtiges Element des Lebens nach der Regel des Karmel darstellt. Hinter ihrem Lächeln bleibt sie die Unbekannte, die im Herrn Verborgene. Nochmals, unbekümmert kann sie hier dieses und dort jenes sagen, und das aus einem einfachen Grund: Weil ihr der Glaube der Kirche feststeht. Sie zehrt von ihm und muss ihn nicht erst unter Beweis stellen. Das Duftige, Herzliche, Freie und Vertrauensvolle, das jedem aus ihrer Gestalt entgegenkommt, ist die Frucht des Glaubens der Kirche, wenn er ohne Abstriche angenommen und zur Grundlage des Daseins gewählt wird. Das galt für ihre Familie nicht weniger als für den Karmel. So ist die Schönheit Thereses die Schönheit der Kirche, die Wahrheit ihres Glaubens, die Erhabenheit ihrer Heiligkeit, der Trost ihrer Wege zum Heil und die Gewissheit, dass ein Leben, in Liebe hingegeben, niemals vergebens ist. Wie gesagt, eine Mitschwester Thereses bekannte nach Thereses Tod: „Um sie herum herrschte eine Aura des Friedens. Man fühlte sich wie bei einem Engel" (PA 334). Ja, die hl. Therese vom Kinde Jesus war und ist für viele wie ein Engel, gegeben von Gott, begabt mit einem Lichtstrahl vom Himmel, und dieser Strahl reicht aus, um ihnen in mancher Finsternis einen kleinen Weg zum Himmel zu zeigen.